恵みを受けとめるヒント

いのり・ひかり・みのり

中井俊己

ドン・ボスコ新書

Ⅱ　ひかりの章　87

Ⅲ　みのりの章　155

はじめに　神のみ心を生きるために

この本を手に取ってくださってありがとうございます。

この本は、月刊『カトリック生活』に三年以上連載しているエッセー、「いのり・ひかり・みのり」を加筆修正して編集し直したものです。この本は、次のような方々のために役立ちます。

1. 自分の日常生活・信仰生活をより豊かに向上させていきたいと思う方。
2. キリスト信者ではないが興味があり、キリストの教えに触れてみたい方。
3. 連載中の「いのり・ひかり・みのり」の記事をまとめて読みたい方。

私は長崎大学教育学部在学中にカトリックの教えを知り、洗礼のお恵みを受けました。その後、長崎にあるカトリック系の精道学園で二十三年間教職に就いたあと、執筆活動や講演活動のために独立し、現在は、京都に居を移しています。カトリックの教えをまったく知らなかった大学時代から三十年以上になり、その間にカトリック関係のさまざまな方々や著書から教わるものは数多くありました。おかげさまで神さまの恵みをいただいていると実感することも多々ありました。

書くことが得意ではなかった私が今執筆を専門職としているのは、神さまの助けがなければ不可能であり、神さまのみ心であると確信しています。また、皆さま同様、これまで自分が受けてきた教えを周りの方に伝えていくことは、カトリック信者の使命であると考えています。

私たちが神さまのみ心を生きるために、どのように日常生活（特に祈りのある生活）を過ごし、信仰を深め、自分なりの福音宣教をしていくことができるか、そのヒントを信徒の視点でわかりやすく書いていきます。

読まれた方が、神さまの助けを受け、何がしかの霊的な「日ごとの糧」を得るきっかけとしてくだされば、とても嬉しく幸いに思います。

I

いのりの章

いのり

あなたはこの世に置かれています
しかし決してひとりではありません
あなたは天国の道を歩んでいます
しかし決してひとりでは行けません

神と向き合う
神と話す
神に感謝する

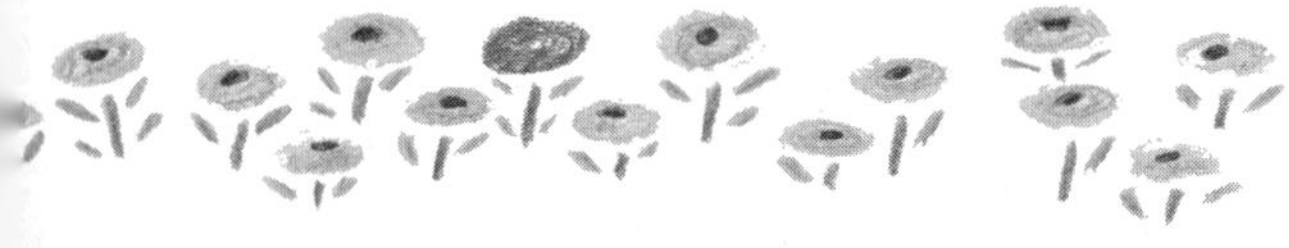

神に謝る
神に願う
祈るとき
神はあなたの言葉を聴いてくださっています
祈るとき
あなたは神の言葉を聴こうとしているでしょうか

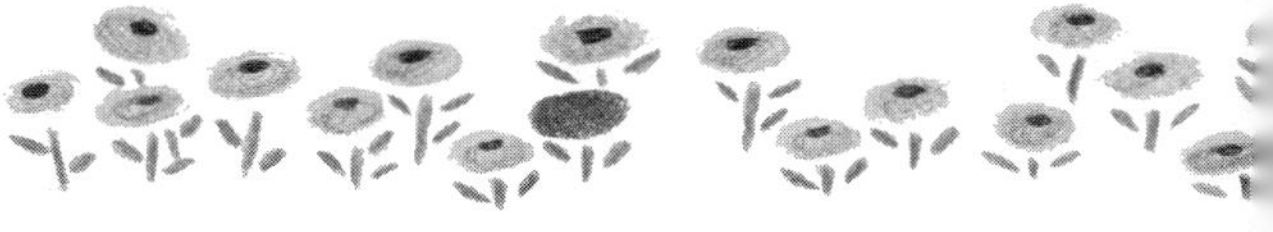

祈りは幸いをもたらす

いつも喜んでいなさい。絶えず祈りなさい。どんなことにも感謝しなさい。

一テサロニケ5・16〜18

一日に何度でも祈りを

学校に勤めていたころ、子どもたちと一緒に祈る機会がたくさんありました。まず朝の会の初めに、良い一日を送れるように願う祈り。お昼にもお告げの祈り。給食のときは感謝する食前と食後の祈り。終わりの会のあと、今日の一日を感謝する祈り。学校には祈りの場である聖堂がありましたので、昼の休憩時間に子どもたちと遊んだあと、立ち寄って短い祈りをささげました。次の自分の仕事（授業）が子どもたちを幸せに導くものになるように、心の中で祈ったものです。

一日の学校の仕事が終わってからは、毎日、一定の時間、聖堂で祈りました。もちろん仕事はいつも山積で、今日集めたノートを見て赤ペンを入れなければならなかったり、明日の授業の準備もしなければならなかったりします。それでも、子どもたちが帰り、就業時間を過ぎたあとの私にとっていちばん大事な仕事は祈ることでした。

祈りによって、私たちは神さまと向かい、対話し、親しい交わりをもつことができます。私も神さまのみ前で、自分の今日一日の生活を振り返り、反省したり、感謝したり、新たな決心を立てたりしたものです。

もし祈ることがなければ、私たちは神さまのみ心を受けとめることも、神さまの恵みに感謝することも難しくなるでしょう。私自身もそうです。もし祈る習慣がなければ、子どものころから読み、書き、話すことの苦手だった私が二十三年間も教職に就くことも、日々の仕事に喜びをもって行えることもなかったと思っています。

子どものような素直な心で

学校では、子どもたちに、家に帰っても祈るといいよ、と教えてきました。小学一年生の子どもたちも、神さまがおられることは素直に受け入れられます。彼らの心はやわらかなスポンジのように神さまのことをたっぷり吸収します。場合によっては、自分の両親も知らないことを習い、家に帰って教えてあげることもあるそうです。

次にご紹介するのは、カトリック信者ではないある母子の会話です。

少しお母さんの気持ちが沈んでいたとき、子どもが突然、尋ねたのだそうです。

「お母さん、お母さんはひとりぼっちだって思ったことある？」

お母さんがどう答えたらよいか思案していると、その子は言いました。

「ぼくたちにはいつも神さまがついていていてくれるから一人ぼっちじゃないよ」

大人は目に見えないものを信じることがなかなかできませんが、子どもは信じているものを見ることができます。信じることの楽しさや自由を味わいます。子どものような心があれば、神さまを認め、神さまと話をすることができるのです。

祈りは、その人や周りの人を幸せに導きます。カトリック信者ではない小学一年生のお母さんからいただいた手紙の一部です。

「『学校で今月のモットーは〝親孝行〟だから、ぼくはパパとママのためにお祈りするよ』と言って毎朝、お祈りをしてくれています。遠い学校に通っているので、毎朝、子どもを見送りながら『今日も楽しい一日を過ごして無事に帰って来ますように』と親の私たちが願わない日はありませんが、子どものほうから私たちのためにお祈りをしてもらえるとは、考えてもいませんでした。とても嬉しいことです」

家庭でも祈る

マザー・テレサは教えてくれました。

「今や、皆が忙しそうにしています。他の人に与える時間がないみたいです。親は子に、子は親に。そして夫婦どうし。……愛は、どこから始まるのでしょうか。私たちの家庭からです。いつ始まるのでしょうか。ともに祈るときに始まります。ともに祈っている家庭は崩壊することがありません」

祈るために近くに教会や聖堂があれば好都合です。が、そうでなくても、祈ることはできないでしょうか。たとえば家庭で……。食事の前後には「いただきます」「ごちそうさま」と頭を垂れ、感謝の祈りをささげること。夜、寝る前に親子が家族の一日の幸せを祈り、今日一日の恵みに感謝すること。あるいは親子で友達や病気の方、災害などに苦しんでいる方々のために祈ること。わずかな時間かもしれません。が、そのとき私たちは、愛である神さまに向かい、神さまとともにいることができます。

祈りによって自分にも家庭にも豊かな幸いがもたらされるのです。

祈りによって神と親しくなる

祈りとは、自分が神から愛されていることを知りつつ、その神とただ二人だけでたびたび語り合う友情の親密な交わりにほかなりません。

『イエズスの聖テレジア自叙伝』第八章五

親しくなるには

神さまと親しくなるには、どうすればよいでしょうか。人間どうしの友情を例に考えてみたいと思います。

誰かを知ることなしに、誰かと親しくなることはできません。初めて会ったときには、相手によい印象をもつとはかぎらないものです。なんだか付き合いにくい人だと思うこともあるかもしれません。でも、相手のことを知り、一緒に時間を過ごすうちに、相手のよいところがわかってきます。興味や好みなどに互いに共通するものを見つけて親しみが湧いてきます。

そのうちに、相手の過去、現在、未来に関心をもち始めます。どんな学生時代を送ったのだろう。どんな家、部屋で生活して、家族はどんな人たちだろう。願いや夢はなんだろう……。少しずつ友達のことを理解できるようになっていきます。と同時に、友達も私たちを知り、理解してくれるようになるでしょう。

その手段として、手紙やメールなどもあるでしょうが、ほとんどの場合、直接会って交わす会話です。私たちは、友達との普段の親しい語り合いによって、理解し合い、心を通い合わせることができます。さらに互いに敬意をもち信頼を寄せ合うことで、友情はより深く、長続きするものとなるでしょう。

神さまと付き合う

私たちと神さまとの友情も同じように深めることができます。祈りという神さまとの語り合いにおいて、神さまを今よりもっと知り、親しみ、さらには愛することができるようになるのです。幸い、神さまはすでに私たちのことをよくご存じです。ですから、私たちのほうが神さまをもっと知り、神さまと付き合っていくように努めればいいのです。

神であるキリストは、知れば知るほど、素晴らしい友だとわかります。最高の模範であり、私たちの信頼を裏切ることはあり得ない友です。それどころか私たちの友となるためにこの世に来られ、私たちを救うために自らを十字架の死に渡されました。

愛によって語り、行い、自分をささげたキリストは、今も同じ慈悲深い愛の心で私たちを待っていてくださいます。私たちが何かを語りかけてくれるのを、今も静かに待っていてくださるのです。

会話することで愛情は深まる

「寒いね」と話しかければ「寒いね」と答える人のいるあたたかさ　（俵 万智）

この短歌のように、私たちの日常の会話は、たとえ無駄話のようであっても、心と心をつなぎます。家族間や友人どうしの何気ない会話にも、相手の気配りや愛情を感じ、私たちはほっと安らぎを感じるものです。

互いに愛し合う恋人たちの会話もそうです。その会話の内容はたわいのないものかもしれません。でも、見つめ合うだけで心と心は響き合い、互いに愛し合っていることを知ることができます。そして、いつも同じような言葉を繰り返して、互いの愛を確かめ合い深め合うのです。

素直に語りかける

私たちと神さまの語り合いも、人間どうしの会話に倣うことができます。神さまと話をするからといって、何もかしこまる必要はありません。美辞麗句を重ねることに気をとられたり、適切な言葉探しにあくせくしたりする必要もありません。いつもと同じ平凡な言葉でいいのです。

子どもが父親に、あるいは友達に話すような気やすさで、語りかけるのです。単純率直に、心にあることをそのまま話せばよいのです。

文字を習ったばかりの小学一年生が日記を書くとき、「せんせい、あのね」という言葉で書き始めると素直に自分の思いを表すことができるものです。神の子である私たちも、子どものように気楽に「神さま、あのね」と語りかけてよいのではないでしょうか。

たとえば、こんなふうに……。

「神さま、あのね。今日こんなことがあって……、思わず笑ってしまいました」
「神さま、今日はちょっと嫌な気分ですよ。友達と喧嘩したんです。考えてみると、ぼくが悪かったのかなあ。あなたは、どう思いますか」
「神さま、今日の仕事、うまくいきましたよ。あなたは、ずいぶん助けてくれましたね。ありがとう！」

このように神さまとの付き合いを日常的に続けていくならば、神さまは私たちの最も良い友であり、父親であることが、少しずつ実感できるようになります。

自分が神さまの子どもであること、神さまが私たち一人ひとりを愛してくださっていることに、喜びと感謝の気持ちをもつことができるようになるでしょう。

愛による祈り・祈りによる愛

隣人を自分のように愛しなさい。

マタイ22・39

愛から祈りが生まれる

愛する心からは祈りが湧き出ます。「愛」の定義はいろいろありますが、聖トマス・アクィナスは「他人の幸福を願うこと」だと言います。他人の幸福を願う心、それは自然と祈りとなって私たちの口にのぼるものです。ごく普通に、「ご健康を祈ります」「ご回復をお祈りします」などとあいさつをすることがありませんか。それは多くの場合、相手を思いやる心から生まれてくる言葉でしょう。

友人のため、家族のため、あるいは自分のために、人は自然と祈りを発することがあります。二〇一一年の東日本大震災後、どれだけ多くの人が祈りをささげたことでしょう。高校野球の応援席で生徒たちが一心に手を合わせる姿を見ることがあります。何を祈っているのでしょうか。「勝たせてください。お願いです。お願いです」、そう心の中で繰り返しているように思えます。

人を愛する心と自分の非力を知る謙虚さがあるとき、人は祈ることができるのです。しかし、その祈りが一方的な私たちからの願いごとであれば、そこには利己愛が入り込む可能性があります。本当に純粋な愛は、他人の幸福を願う無私の愛です。そのような愛には多少の犠牲を伴うことが多いものです。

愛のこもった祈り

最近、あるカトリック校の校長先生から教えていただき、感動したことです。大震災の被害に遭った日本のために、世界の最貧国の一つとされるシエラレオネの方々が祈ってくださっていたとのこと。

この国はダイヤモンドの利権を巡る長年の内戦の結果、国は荒れ果てました。戦争中、校長先生の学校の半数の生徒たちが反乱軍に連れ去られたり、ひどい暴力を受けたり、家族も含め、みせしめのために両腕を切られたりしました。そして今でも、一日に一食しか食べられない貧しさを忍んでいる人が多いそうです。しかし、電気もテレビもないこの国の人々が、日本の大震災の被害をラジオで知り、「学校でお世話になっているシスターの国のため」と集めたお金を届けくださいました。米だった給食を安い芋に変え、校舎の改築費用二年分を抑えて、日本のために分かち合おうとされたのです。

子どもたちは、最も貧しい子を除いて給食を食べずに我慢し、そのお金を日本の支援に当ててくれたとのこと。いつもより早く学校に来て、日本のためにと土の上にひざまずきながら、一時間にわたって祈ってくれたそうです。この子どもたちが祈りに託して私たちにささげてくれたものは、犠牲を伴った愛だと言えるでしょう。それは神さまが、私たち皆に望まれるものです。小さき聖テレジアが書いています。

愛！　あなたが私たちにご要求なさるのは、これだけです。あなたは私たちのわざを必要とはしません。ただ愛だけをお求めになるのです。あなたはわずかの水をサマリアの女に求めることをおためらいになりませんでした。あなたは渇いていらしたのです。けれども『飲ませてください』とおっしゃって、全世界の造り主であるあなたがお求めになったものは、ご自分のあわれな被造物の愛だったのです！

（『幼いイエスの聖テレーズ自叙伝』ドン・ボスコ社）

繰り返します。神さまは、私たちの愛を望んでいらっしゃいます。その愛で私たちが互いに愛し合い、祈り合うことを望んでいらっしゃるのです。

祈りを家庭で

ゆえに互いに祈り合うことは私たちの使命であり、喜びの源です。私たちはそれを教会に行ったときだけでなく、自分の家庭でもできないでしょうか。マザー・テレサは、こう語りました。

祈りは特に、子どもたちと、家族のために大切なものです。私は、愛は家庭から始まると考えています。ですから、家族が全員で祈ることはとても重要なのです。家族がともに祈れば、一緒にいることができ、神があなたがた一人ひとりを愛するように、あなたがた家族も互いに愛し合うことができるのです。どんな宗教を信じているにせよ、家族はともに祈らなければなりません。また、子どもたちは祈ることを学ぶ必要があります。そして彼らは、一緒に祈ってくれる両親が必要なのです。

神さまに祈るとき、私たちは一人ではありません。神さまとともにいます。家族とともに祈るとき、私たちは家族とより一致できます。神さまが結びつけてくださいます。

わずか数分でもよいかもしれません。ともに祈ることができないでしょうか。一日の中では点のようなその数分の祈りから愛が広がり、私たちをより大きな愛で包んでくれるでしょう。

くちびるに祈りを

目を覚まして感謝を込め、ひたすら祈りなさい。

コロサイの信徒への手紙４・２

口祷の祈りとは

祈りには、一般に口祷《こうとう》と念祷《ねんとう》という形式があります。

口祷とは、ある定まった言葉を口に出して唱える祈りのこと。それに対し念祷は、口祷のように必ずしも決まった言葉を唱えるわけではなく、神さまと自由に語り合う、あるいはただ見つめ合う祈りだとも言えます。

口祷にはたくさんの祈りがあります。ごミサの中で必ず唱える「主の祈り」、また聖母マリアが天使ガブリエルと聖エリザベトから聞いた言葉を使った「アヴェ・マリアの祈り（天使祝詞）」、あるいは教会がつくった「栄唱」など。また聖人たちがつくった美しい祈りの数々。なかでも「主の祈り」は、弟子の一人が「主よ、祈りを教えてください」（ルカ11・1）と願ったとき、イエスさまが教えてくださった唯一の祈りで、それ自体完全な祈りだと言われます。ただ、いかに素晴らしい言葉でつくられた祈りであっても、心が神さまに向いていなければ役には立ちません。

口祷の唱え方

学校に勤めているとき子どもたちと、口祷の祈りを唱える機会は何度もありました。朝の始業前の「アヴェ・マリアの祈り」、昼のお告げの祈り、そして「食前、食後の祈り」、下校時には再び「アヴェ・マリアの祈り」と……。

各教室には聖母マリアのご絵が飾ってありました。子どもたちは起立し、目と心をマリアさまのほうに向けて唱えるように教えられます。でも、二十人も三十人もいる小学生の皆が皆、祈りの間じっとしているはずがありません。視線は窓の外にあったり、首や足がグラグラと動いたりと落ち着きません。だいたい、彼らをまるで監視しているかのような私のほうが、心を神さまから離しているのです。反省することひとしおでした。

口祷は、念祷のように自分が神さまの御前にいることを自覚し、心を神さまに上げることによってこそ、祈りとしての価値を増します。神さまとのより親密な交わりのあり方を教えたいと望んでいた聖テレジアは、こう書き残しています。

わたしはいつもあなたがたにお勧めします。口祷と念祷を合わせるようにしなさい。口で祈りを唱えながら、相手のお方である神様のことにまったく気をとられ、ことばそのものよりも、神様のほうにもっと注意が向いているならば、その口祷には念祷が伴っているのです。

（『完徳の道』二十二章）

聖テレジアが言うように、祈りのときには、神さまがここにいらっしゃり、自分の言葉を聴いてくださっていることを意識することが大切です。そのためには、心を落ち着かせてゆっくりと唱えることも必要でしょう。

射祷を唱える

さて、射祷《しゃとう》という短い祈りもあります。心の中だけで唱えてもよいのですが、声に出す場合には、射祷は短い口祷だと言えます。

たとえば「主よ、おあわれみください」「聖母マリア、お助けください」「聖ヨセフ、力をお貸しください」「守護の天使、悪魔の誘惑から守ってください」など、また自分がつくった祈りも射祷として唱えられます。

射祷は短い祈りですから、いつでも、どこででも唱えることができます。たとえば、朝起きた瞬間から、

「神さま、今日という一日のプレゼントをありがとうございます」

「今日一日の仕事や勉強や行いのすべてをあなたにささげます」などと祈ることができるでしょう。

また仕事や勉強を始める前や終わったあとに「この仕事（勉強）をささげます」と祈ることもできるでしょう。

であれば、その日の仕事や勉強のとき、また家族や友人、同僚たちと接するときにも神さまを思い出すことがたやすくなるでしょう。

射祷はまず一つ唱えることから始め、少しずつその数を増やしていって習慣づけられます。そのためには、各自の事情や状況に応じて、ちょっとした工夫をするとよいかと思います。たとえば、机の上に小さな十字架や聖人のご絵を置いておく、手帳の中に射祷を書いたカードをはさんでおく、など。

また、マリアさまのご絵を部屋に飾っておき、ときどき視線を向け、子どものように言葉をかけるのもよいでしょう。

「マリアさま、いつも見守ってくださってありがとうございます」

「今からするこの仕事がよくできるように助けてください」などと。誰よりも愛情深いお母さんであるマリアさまは、きっと喜んで聴いてくださるでしょう。

このように射祷を唱えることで、一日の中で何度も心を神さまやマリアさまに向け、感謝したり、お願いしたり、話しかけたりするができます。

これならどんなに忙しい現代人にもできることですね。いや、むしろ「心を亡ぼす」ような忙しいときにこそ、神さまやマリアさまと向き合えればと思います。

いつでも、くちびるに祈りを。であれば、私たちは神さまが望まれるような優しい心や前向きな心を取り戻しつつ一日を過ごせることでしょう。

謙遜に祈る

わたしは柔和で謙遜な者だから、わたしの軛を負い、わたしに学びなさい。そうすれば、あなたがたは安らぎを得られる。

マタイ11・29

謙遜だからこそ祈れる

実るほど頭《こうべ》を垂れる稲穂かな

（飯田蛇笏）

この句が示すように、徳が身につき成熟していくなら、人は次第に謙虚になっていきます。内面的に成熟していくと、人は自分自身についてもよく知ることができるからです。真の自分について知り、受け入れると、人は謙遜になっていけるのです。

謙遜はすべての徳の基礎であり要となる徳です。祈りに欠かすことのできない徳だとも言えます。謙遜なくしてはちっぽけな罪人としての自分の姿を知ることも、神さまの偉大さと慈悲深さを知ることもあり得ません。もし仮に、ある人が不遜であるなら、自ら祈る気になどなれないでしょう。自分を特別優れた人物のように思い、どんなに苦しい状況に置かれてもこれまで自分の力だけで乗り越えてきたと思っている人は、これからも誰の助けも借りようとはしないでしょう。自分に与えられているものは自分にとって当然であると思う人は、誰にも感謝する必要を感じないでしょう。両親や友人が与えてくれたさまざまな支えや励ましに対して恩知らずの態度をとるならば、目に見えない神さまにも感謝することなどできないでしょう。

謙遜であればこそ、自分自身の真の姿を認めることができます。自分の思い、行い、怠りによって罪を犯したことにも気づきます。謙遜であればこそ、自分が弱い存在であることを認め、欠けたところを改善するための助けを願い始めるでしょう。また、与えられた数々の恩恵に気づき、心から感謝できるようにもなるのです。

聖ヨハネ・パウロ二世の謙遜

聖人たちはその個性に応じた聖徳をもっていましたが、誰もが謙遜の徳に優れている人々でした。二〇一四年五月に列聖されたヨハネ・パウロ二世もそうです。ヨハネ・パウロ二世は、在命中から世界中の人に慕われ、尊敬された偉大な教皇でした。その在位二十六年間に、世界百二十九カ国を精力的に飛び回り、宗教の枠を超えて現代世界全体に大きな影響を与えてきた功績は言葉に尽くせません。

世界に十一億人の信者を有するカトリック教会の最高責任者という要職にありながら、ヨハネ・パウロ二世は、とても温かな人柄でユーモアのあるスポーツマン、庶民的で人間的な魅力に満ちた人物でもありました。しかし、その広範囲で精力的な活動と魅力的な人柄以前に、謙遜ゆえによく祈り、人を祈りに導く人であったことを忘れてはなりません。

たとえば、一九七八年の教皇就任ミサのあいさつでは、こう語られました。

「キリストの弟子が抱く尊敬の念のありたけをこめて、お願いします。私のために祈ってください。私があなたがたに奉仕できるように、助けてください」

神の御前に無力である自分を悟り、祈りによって助けられねばならないことをよくご存じだったからです。

一九八一年、「平和の巡礼者」として来日されたときも謙遜でした。わずか四日間の滞在のために二カ月半の間、文字どおり寝食の時間を削り、日本語を勉強してきた国家元首がかつていたでしょうか。

「私の願いは、日本の皆さん一人ひとりに私の心からなる尊敬と愛を伝えることです」（東京での来日スピーチ）

来日中に行った日本語によるミサや説教、スピーチの数々は、私たちに対する大きな愛とともに、神の子としての謙遜がなければなしえなかったものです。

また、ヨハネ・パウロ二世がひざまずき背中を丸め一心に祈る姿は、世界中どこでも見られました。バチカン宮殿内の教皇専用の聖堂では、聖母マリアに神への仲介を願っていたのでしょうか、床を靴で踏み鳴らし、「お母さん、お母さん」とポーランド語で呼びかけながら、祈っていることがよくあったそうです。この方の信仰と祈りについては拙著『平和の使徒 ヨハネ・パウロ二世　希望と愛をたずさえて』でも紹介しています。

聖母マリアに祈る

このように聖人たちは聖母マリアに信頼し、祈ることが多かったようです。

わたしは主のはしためです。お言葉どおり、この身に成りますように。（ルカ1・38）

この言葉によって神のご計画をすべて受け入れられた聖母マリアは、私たちの謙遜の模範です。

五月は聖母の月として、教会はマリアさまに祈ることを広く薦めています。

「マリアさま、どうかわたしを謙遜なものにしてください」

「あなたの御子イエスさまに学び、イエスさまに似たものとなるようにお助けくださ い」

そのような願いもこめて、ロザリオを唱えれば、神さまはきっと喜んでくださいます。そして私たちは、より仕える者となり、いっそう安らぎで満たされるようになるでしょう。

信頼をもって祈る

いささかも疑わず、信仰をもって願いなさい。

ヤコブ1・6

神さまは聴いてくださっている

「私は祈った。でも、少しも変わらない。神さまは私の言うことを聴いてくださっているのだろうか」

祈りをしているうちに、ふとこのような疑問が、不安とともに胸をかすめることがあるかもしれません。

「聴いてくださっているにしても、応えてくださらない。祈るなんて独り言と同じだ。

退屈だし、もう疲れてしまった」

このように思い、祈るのをやめてしまうこともあるかもしれません。なんと残念なことでしょう。神さまは、私たちが祈るとき、その嘆きや悩みや苦しみを聴いてくださっています。そして、何らかの方法で応えてくださいます。

ときに私たちは、恩恵の作用を感覚的にとらえたいと望みます。できれば神さまのみ声を聞きたいと望むこともあるでしょう。ただ、神さまはご出現されることはありませんし、私たちの聴覚を通じてお話しになるのでもありません。

でも、祈る努力をする人に神さまはいつも応えてくださいます。でなければ、祈りのときに湧いてくるさまざまな良い思いや考えは、どこからくるのでしょう。自分の空虚な生活に対する反省は、どこからくるのでしょうか。今までの生き方を変えたい、もっとよい人間になりたいといった望みは、いったいどこからくるのでしょうか。

祈るとき、神さまはその人の霊魂に良い種（みことば）を蒔いてくださるのです。

「種を蒔く人」のように

しかしながら、この種を私たちがいつもうまく受けとめられるとはかぎりません。福音書の「種を蒔く人」のたとえ話（マタイ13・4～23、マルコ4・3～20、ルカ8・5～15）のように、私たちの霊魂の状態でその種の行く末は違ってくるからです。

ある人は、せっかく種が蒔かれたのに、油断しているすきに悪魔から奪い取られてしまいます。おそらく、奪われたこと、蒔かれたことさえも、この人は気づいていないかもしれません。

別の人は、その良い種を喜んで受け入れますが、自分に根がないので、試練に遭うとつまずいてしまいます。祈りのときに湧きあがった良い考えを否定し、いつまでも立ち上がろうしません。そして、祈りは自分を落胆させる時間潰しだと思うようにもなるのです。

また他の人もみことばを受け入れます。でも、その人を世の煩いや富や快楽への誘惑が強く支配しているために、いくらかの良い決心をしたとしても、覆いふさがれて生活の改善にまで至りません。誘惑と戦い続ければその覆いを打ち破ることはできるのですが、さまざまな欲望と離れ難く、自分にはできない、祈っても無駄だ、と考えてしまうのです。

最後に、良い状態の霊魂に蒔かれたみことばは、しっかりと受けとめられ、実行に移されます。そして忍耐して守り続けられ、ぐんぐん成長していきます。その結果、三十倍、六十倍、百倍の実を結ぶようになるのです。

神さまは応えてくださる

先日、拙著『もしも天国のマザー・テレサが君のそばにいたら』（PHP研究所）を課題図書としてくださっている聖園女学院（藤沢市）のシスターが、中学一年生の感想文を送ってくださいました。その中の一節です。

「私は、今まで祈ることはあまり好きではありませんでした。だから、中学に入ったら嫌だなと思っていました。けれど、近くに神さまを感じることができるので、祈ることはとても大切なことだと知りました。また祈ることで自分の心を強くすることができるとわかりました。これから、中学校では朝と帰り、毎日、祈りの時間があるので、その時間を大切にして、たくさんのことを祈りたいと思います」

祈っていると、神さまのみことばが、周りの人や書物などをとおして自分に届けられることを知るようになります。この生徒さんは、学校のシスターや先生、マザー・テレサの言葉をとおしてみことばを受けとめ、変わっていったのでしょう。

実は、この生徒さんの感想文の初めには、「私は、『なんでこんな自分が生まれてきたんだろう』とか『私は、生まれてこなければよかったのかな』と思うことが、ときどきあります」と告白めいたことが正直に書いてありました。でも、あとには、「すぐに、マザー・テレサみたいにはできないけれど、これから、中学校、高校と成長していく中で、優しい心をもち、困っている人の役に立てるようになれればいいと思います」と前向きな気持ちになっているのです。

この生徒さんのように祈り、神さまが自分に望まれていることを素直に受けとめるなら、人は変わります。よい決心をし、実行していくと成長していきます。「優しい心をもち、困っている人の役に立てるように」なれるでしょう。

マザー・テレサは言いました。

「祈ることで心の器は大きくなり、神からの贈り物を受け入れることができるようになります」

私たちは、一人ひとり愛されて生まれ生かされている神さまの子どもです。私たちが子どもとしての信頼をこめて祈るなら、神さまは聴き入れ、私たちの心に素晴らしい贈り物をくださるでしょう。

粘り強く祈る

わたしの名によって願うことは、何でもかなえてあげよう。
ヨハネ14・13

聖モニカの涙と祈り

成功するただ一つの方法は、成功するまでやり続けることだ。
（松下幸之助）

決して、あきらめるな、絶対に、絶対に、絶対にだ。
（ウィストン・チャーチル首相、ケンブリッジ大学の卒業式での来賓スピーチ）

世の中で成功したといわれる人には、ある共通点があったように思います。それは不屈の精神です。八月には聖アウグスチヌスの母聖モニカの祝日（八月二十七日）があります。世間的な成功をおさめた人ではないものの、聖モニカも幾多の困難にもめげず、わが子アウグスチヌスの回心のために、不屈の精神で祈り続けたキリスト教的母親の模範です。

アウグスチヌスは、幼少のころから悪に流れやすく、中学時代から酒を飲み、不品行な行いを続けました。大学時代には、身元のはっきりしない女性と同棲し、男児までもうけ、おまけにマニ教に凝りだしていました。学業は非常に優秀でしたが、モニカにとってそれはなんの慰めにもなりません。わが子の魂の滅びのことを考えると食事も喉を通らないくらい心配が募りました。息子の不品行を叱りつけても、頭の良い息子の反論にはかないません。

モニカにできることは、母親としての涙と祈りを繰り返すだけでした。そのような苦悩を打ち明けられた司教はモニカの涙に動かされ「ご安心ください。それほどの涙の子が滅びることは決してありません」と言ったそうです。

不屈の祈りを続ける

アウグスチヌスは、その後も何度も母親の期待を裏切りました。しかし、母モニカは、息子の回心のために涙ながらに苦行をし、たゆまず祈り続けたのです。そのおかげで、次第にアウグスチヌスは恩恵の光に照らされるようになります。

彼が別荘で瞑想にふけっているときでした。隣家で遊ぶ子どもたちが「取りて、読め、取りて、読め」と歌っているのを聞きました。彼は、それに従って聖書を開くと、聖パウロの書簡が目に入ってきたのです。

酒宴と酩酊、淫乱と好色、争いとねたみを捨て、主イエス・キリストを身にまといなさい。欲望を満足させようとして、肉に心を用いてはなりません。

（ローマ13・13〜14）

この刹那、劇的な回心が起こったとアウグスチヌスは述懐します。

「私はそれ以上読もうとはせず、その必要もありませんでした。というのは、この節を読み終わった瞬間、いわば安心の光とでもいったようなものが、心の中にそそぎこまれてきて、すべての疑いの闇は消え失せてしまったからです」（『告白録』８巻29章）

モニカは亡くなる数日前に、息子と天国について語り合ったあと、次のように言っています。

「わが子よ、私といえば、この世の中にもう自分をよろこばせるものは何もない。……この世にまだしばらく生きていたいとのぞんでいた一つのことがありました。それは、死ぬ前に、カトリックのキリスト信者になったおまえを見たいということだった。……神さまは、この願いを十分かなえてくださった。もうこの世で何をすること

がありましょう」（『告白録』９巻10章）

このように聖モニカの涙ながらの粘り強い祈りは、のちに史上屈指の教会博士となる聖アウグスチヌスの魂を回心させ、永遠の生命へと導いたのでした。

そうすれば与えられる

私たちもあきらめずに祈るならば、きっと聞き入れられます。ただ、その時期はいつかわかりません。ある人のために長い間祈り続けているのに、その人が一向に改めようとしないことは、多々あることです。しかし、がっかりすることはありません。私たちが祈り続けていれば、その祈りのおかげで、神さまの恩恵によって、その人は生涯の最後の瞬間に回心するかもしれません。

キリストは、私たちを励ますため、たとえを用いてこう言われました。

あなたがたのうちのだれかに友達がいて、真夜中にその人のところに行き、次のように言ったとしよう。「友よ、パンを三つ貸してください。旅行中の友達がわたしのところに立ち寄ったが、何も出すものがないのです。」すると、その人は家の中から答えるにちがいない。「面倒をかけないでください。もう戸は閉めたし、子供たちはわたしのそばで寝ています。起きてあなたに何かをあげるわけにはいきません。」しかし、言っておく。その人は、友達だからということでは起きて何か与えるようなことはなくても、しつように頼めば、起きて来て必要なものは何でも与えるであろう。そこで、わたしは言っておく。求めなさい。そうすれば、与えられる。探しなさい。そうすれば、見つかる。門をたたきなさい。そうすれば、開かれる。だれでも、求める者は受け、探す者は見つけ、門をたたく者には開かれる。

（ルカ11・5〜10）

積極的に忍耐をもって祈り続けるならば、私たちの父である神さまはきっと祈りを聞き入れてくださいます。慈悲深い父である神さまは、私たちを誰よりも深く愛し、私たちの幸せを誰よりも強く願っていらっしゃるのですから。

日々の務めとして祈る

絶えず目を覚まして根気よく祈り続けなさい。

エフェソ6・18

祈りの時間を決める

イエスさまも聖人たちも、私たちに日々祈ることをお求めになっています。具体的にどうすればよいのでしょうか。まず、あらかじめ祈る時間を決めておいたほうがよい、ということについてお話しします。

私たちカトリック信者は、「苦しいときの神頼み」だけの人であってはなりません。苦しいとき、困難が襲ってきたときにはお願いしますが、平穏無事のときには神さまを思い出しもしない、感謝しないという態度は間違っています。

人間どうしでも、物事を頼むときには何かと調子がいいくせに、普段はそっぽを向いている、感謝もしないような人との間に良好な友情関係が育つでしょうか。育つはずがありません。神さまとの親子関係、友情関係をより良いものにしていくためにも同じです。祈りは神さまとの親しい語り合いです。それゆえ、できるだけ継続的なものであることが望ましいのです。

また勉強や仕事を、「今日は気分が乗らないから」とか「今日はちょっと忙しいから」といった気紛れやあまり重大でない理由で、やめてしまえばどうでしょう。まず効果は上がらず、成績や業績は振るいません。祈りもそれと同じです。その日、そのときの気分次第で、したりしなかったりすれば、効果はあまり期待できません。

ですから真面目に祈りをしようと思うのなら、毎日、欠かさず祈ることが必要です。たとえ短時間でもかまいません。神さまと約束の時間を決め、その決めた時間祈るのです。前もって十五分間と決めていたのなら気分が乗っているときもそうでないときも、祈るのです。祈りにおいて私たちは、自分を求めるのではなく、神さまを求めるべきだからです。

時間を守る

また、その祈りの時間を遅らせないというのも大切なことです。

私たちは、誰かと会う約束をするとき、普通、場所と時間を決めます。目上の人に会う場合、遅れて行くのはもってのほか、会合場所に五分~十分前には行って待っているのは常識です。一分でも遅れて相手を待たせるのは失礼ですし、相手が自分にとって大切な人なら待たせたくはないと思うでしょう。待たされた人は、相手から軽視されていると思い、気を悪くするかもしれません。また、何か不慮の事故でもあったのかと心配をかけることにもなりかねません。

神さまとの祈りの約束でもそうです。祈りを、勉強や仕事のためにさぼったり、娯楽や遊びに夢中で遅らせたりするのはどうでしょう。いずれにしても自分の都合を優先させ、結果的に神さまを軽視することになりかねません。

祈る時間を決め、それを毎日守るのは、実際やってみると難しいことです。これは、あるときには自己の怠け心と戦わねばならない犠牲となります。けれど、そのためにかえって神さまを喜ばせる行為となるでしょう。犠牲のあるところには、本当の愛があるのですから。

祈る場所を選ぶ

祈りを日課とするには、場所もあらかじめ決めておくとよいでしょう。

もちろん神さまはどこにでも現存され、私たちはいつでもどこでも祈ることはできます。が、良い念祷をするためには、神さまと落ち着いて静かに語り合える場所がよいのです。祈りの場として適しているのは、聖櫃の側です。

神さまがご聖体という形で私たちの間に残られた一つの理由は、祈りにおいて神さまが私たちと親しく付き合うことを望まれたからです。静かな教会(聖堂)であれば、祈りのときに注意が散漫になることも少なくなります。スケジュールのやりくりをし、教会にわざわざ足を運ぶことには、それだけで価値があります。祈りの良い準備となり、神さまに喜んでいただくための犠牲にもなり得るのです。

ただし、日本のように教会の少ないところでは、いつも聖櫃のそばで祈るのは難しいでしょう。そういうときには、静かに祈ることのできる別の場所を選びます。

たいていの場合、自宅で祈るということが多くなるかと思います。しかし、わが家といえども、ときには祈りの邪魔になるようなことは多々起こり得ます。突然の来客や電話。また別室で遊んでいるはずの子どもが急に声をあげて泣きだしたり、話しかけて来たりとか。とは言っても、本当に祈ろうと思うのなら、いかに困難が多くとも克服できます。また、祈りの価値を知っている忙しい人ほど、上手に時間と場所を確保して、祈りができるようになります。

このように一日の中に特別な祈りの時間と場所をもとうと努める人は、それ以外の日常生活の場においても観想生活を送ることが次第にできるようになっていきます。

私たちの周りに起こるさまざまな出来事の中に、神さまのみ旨を感じ取り、応えることができるようになります。仕事や家庭生活をとおして、神さまや周りの人に仕え、喜びと平和の種を蒔くことができるようになっていくのです。

決心を立てる

各自、不承不承ではなく、強制されてでもなく、こうしようと心に決めたとおりにしなさい。喜んで与える人を神は愛してくださるからです。

二コリント9・7

謙遜に祈れば反省点が見つかる

祈りをとおして、神さまは私たちにさまざまなことを示してくださるでしょう。自分が神さまに愛され、助けられている子どもである反面、その愛に十分に応えられない弱い人間であることも。

たとえば、日常生活の中での私たちの至らなさ。仕事をていねいに最後まで果たそうと思っていたのに手を抜いてしまったこと。友だちや同僚にもう少し親切にしようと心がけていたのに、無愛想な応答をしてしまったこと。決めていた勉強を好きな娯楽のために怠ってしまったことなど、いろいろあるでしょう。

自分の弱さや過ちを見せていただけるのは、祈りの効果です。私たちは祈りの中で静かに自分を省み、自分の思いや行いを謙遜に糾明することができます。そうしてたびたび罪のゆるしを請う、あわれな被造物に過ぎないことに気づくでしょう。

これは神さまのお恵みです。信仰のない人にとって自分の弱さを知るのは耐え難いことかもしれませんが、信仰のある人にとっては違います。なぜなら、私たちが謙遜に自分の弱さを認めることで、よりはっきりと神さまのみ心や働きかけを感じることができるからです。

わたしが来たのは、正しい人を招くためではなく、罪人を招くためである。
（マルコ２・17）

こう言われた主イエス・キリストは、私たちが自分の過失や罪を認め、悔い改めることを望んでおられます。ゆえに神さまは、私たちが改めるべき姿に気づかせてくださるのです。もちろん自分の弱さを知ったからと言って、がっかりすることはありません。神さまは私たちを落胆させようと思っていらっしゃるのではなく、私たちを天の国にさらにふさわしい者にしようと望まれています。

神さまが私たちに示してくださった欠点や弱さは、私たちがその気になって戦えば克服できるものであったり、戦うことによって私たちを高めたりできるものです。

主は、「わたしの恵みはあなたに十分である。力は弱さの中でこそ十分に発揮されるのだ」と言われました。だから、キリストの力がわたしの内に宿るように、むしろ大いに喜んで自分の弱さを誇りましょう。

（二コリント12・9）

聖パウロは、自分の弱さを恥じませんでした。むしろ、それを利用し、自己と戦い、神さまにもっと信頼することを学んだのでした。

具体的な決心を立てる

私たちも聖パウロのように神さまに信頼し、その恩恵によって戦いましょう。「神さまともっと親しくなりたい」、「神さまが望まれるような人になりたい」という漠然とした望みも、具体的な決心を立てて実行することでかなっていきます。

たとえば、「福音書を毎日一章ずつ読もう」「霊的読書を毎日十分間しよう」「寝る前に良心の糾明をしよう」「ロザリオの祈りを唱えよう」など、すべきことはいくらか見つかるはずです。

しかし、たくさんの決心は不要です。普通、私たちはいっぺんにたくさんの新しいことができないからです。数少ない、具体的な決心にしぼり、まず一つに集中したほうが賢明です。その決心が達成できたら、別の決心に取り組みます。そして、また次の決心に取り組みます。こうして、一つずつ着実に自分の望みを現実化していくのです。

また、今の自分の実態とかけ離れている、到底できそうもない決心も役に立ちません。たとえば、中高校生が義務である勉強の時間を割いて「毎日二時間の念祷をしよう」とするなら、それはおかしな決心です。また、主婦が家事や育児をほったらかしにして、「毎日、だれかの家を訪問して神さまの話をしよう」とするのも変です。

私たちは祈りの中でよく考え、今の自分にふさわしい決心を立てるべきなのです。

決心を実行に移す

「これから毎日三十分の念祷をしてはいかがですか」

私の知人は大学生で洗礼を受けた直後、ある神父さまからこのように勧められ、とても自分にはできないと思ったそうです。勉強やサークル活動にいつも忙しくて、そんな時間はないと思ったのです。

しかし、祈りの中で神さまと相談して、「やはり、やろう！」と決心しました。やってみると、難なく時間を確保できたそうです。就職して社会人となり、学生のときとは比べものにならないくらい忙しくなっても、だいじょうぶでした。

これは自分が意志の強い人間だったからでなく、まったく逆だと彼は言います。意志が弱かったので、神さまができるように助けてくださったのだと。

「自分の中に神さまとの約束が第一という基準があれば問題はなくなる。自分の時間を喜んで与えようとすれば、決心が果たせるように神さまは十分な恩恵をくださる」と彼は言います。

私たちにも、きっと同じことが起こります。祈りのときに湧きあがってきた思いを決心し、実行に移すとき、私たちを愛する神さまはさまざまな助けや恩恵をくださいます。そうして、私たちは信仰生活において成長し、少しずつ神さまの望まれる人になっていけるのです。

祈りによって強まる信仰

信仰に基づいてしっかり立ちなさい。雄々しく強く生きなさい。 一コリント16・13

信仰の特徴

私たちの信仰とは、どのようなものでしょうか。『カトリック教会のカテキズム要約』(カトリック中央協議会)にはこう記してあります。

信仰は、神からの無償のたまもの、へりくだって求める者が得ることのできるものであり、救われるために必要な超自然的な徳です。

すなわち、信仰は私たちが神のみ前で謙遜に願い求めることでさずけられるたまものであり、超自然徳です。私たちは信仰なくして、キリスト信者としての生活を営むことはできず、究極的な永遠の救いを得ることはできません。逆に信仰が強まるほどキリスト信者としての生活は幸せで充実したものになり、天国への道も開けてくるのです。では、どうすれば信仰は強まっていくのでしょうか。

信仰は神のことばを聞くことと祈りによってたえず成長していきます。（前掲書）

今、天国にいる聖人たちは、神のみことばである福音をよく知ることで、また神によく祈ることで信仰を深めていきました。キリストの教えと神との祈りの生活をないがしろにすることはありませんでした。私たちも信仰を成長させるために、聖書やカテキズムの確かな知識とともに、自ら進んで祈ることが不可欠なのです。

祈りにおいてキリストとともに生きる

祈ることで私たちの信仰はより強まっていきます。祈りは神との対話です。心を神に向け、神に語り、神の言葉を聴こうとすることです。祈ることで神さまは私たちとともにいてくださることを感じるでしょう。仕事や勉強のときも、人と会話しているときにも、神さまが見守り助けてくださることを知るでしょう。

二〇一一年十月に発布された自発教令『信仰の門――「信仰年」開催の告示』で、前教皇ベネディクト十六世は述べられました。

この機会に、「信仰の創始者また完成者」(ヘブライ12・2)であるイエス・キリストに目を注がなければなりません。人の心のあらゆる不安とあこがれは、このかたのうちに満たされます。

神であるイエス・キリストは、私たちの最高の模範であり先生です。祈りをとおして、私たちはイエスさまとともに生きることがより易しくなるでしょう。祈ることで、イエスさまに目を注ぎ、その言葉を聞き、模範に倣い、実行することができるようになります。自分の中に生まれる喜びや悲しみをともに分かち合い、ともに生きることができます。そして、より親しい友情をもつことができるようになるのです。

信仰の師マリアに学ぶ

信仰の師である聖母マリアに祈りを学びましょう。

わたしは主のはしためです。お言葉どおり、この身に成りますように。（ルカ1・38）

マリアさまは、この言葉によって信仰と従順をもって、神の母になるというお告げを受け入れられました。そのときから、イエスさまによって成し遂げられるあがないのわざの第一ページが開かれたのです。その後、宣教するイエスさまに従い、ともにゴルゴタへの苦しみの道を歩み通されました。イエスさまの死後は、復活の実りを味わい、弟子たちを母親の愛情をもって励まされました。

マリアさまは生涯をイエスさまと過ごし、今も天国でともにいらっしゃる方です。母親の愛情から私たちの傍らにもいたいと望まれていらっしゃいます。マリアさまへのご像やご絵へのあいさつ、射祷（短い祈り）、お告げの祈り、お母さんに物事を頼むようにお願いしたり、感謝したりすることなど、私たちは、マリアさまをとおってイエスさまのもとに行けます。

マリアさまに倣い、祈ることで、信仰をより深めることができるのです。

使徒たちの信仰から学ぶ

使徒たちの信仰にも学びましょう。使徒たちの多くは、ある時点まで信仰の弱かった人たちです。イエスさまのご受難のときは、ヨハネと数人の婦人たち以外は皆、十字架のもとから逃げ去りました。けれども、イエスさまのご復活後は、その教えを広めるために苦難をいとわず、殉教するほどに信仰をまっとうしました。彼らは、神の恵みによって強められたのです。

なかでも聖パウロは、初めキリスト教の迫害者でした。ところが、キリスト教徒を捕らえる目的でダマスコに行く途中、突然、天からの光に照らされ、自分を叱責する主の声を聞きます。以来、パウロは回心し、迫害者から宣教者へ人生を転換することになります。そして、多くの困難や障害にもひるまず、殉教するまで勇敢にキリストの教えを宣べ伝えるようになるのです。

人間的には弱く、間違いを犯した使徒たちが、強められたのは、復活後のイエスさまに出会ったからでしょう。私たちも祈りによって、イエスさまと出会い、ともにいることで自分の弱さを克服し、信仰を強めていただけるのです。

聖人たちとともに信仰を強める

聖人たちも、自分は弱く、罪人であると感じながらも神を求めました。祈りにおいて神と一致し、神とともにいることで、その信仰を強められました。そして、恐れることなく、信仰と愛を証しする人となったのです。その中の一人、アビラの聖テレサ（イエズスの聖テレジア）の言葉を思い出してみましょう。

彼女は、十六世紀のスペインで、体の病や幾多の困難にも負けず、カルメル修道会の改革と新しい修道院創立を成し遂げた偉大な聖人です。

何にも心乱さず
何をも恐れるな
すべては過ぎ去り
ただ神のみとどまり給う
耐えしのぶなら
すべてをかちえる
神にある者は
何一つ不足を知らず
神のみにて足りる

（『神のさすらい人　アビラの聖テレサ』サンパウロ）

聖テレサが言うように、神がともにいてくだされば、私たちは何を恐れることがありましょう。神をもつ者に、何の不足することがありましょう。聖人たちのように私たちも祈りましょう。神は必要なすべてをくださいます。愛、希望、信仰など、自分を満たすだけでなく、人に分けても増していく宝物を与えてくださるのです。

守護の天使とともに歩む

さて、私たちの傍らには。いつも自分の守護の天使がいてくださることも忘れてはなりません。

あなたの守護の天使を信頼しなさい。親しい友として接しなさい。実際にそうなのだから。そうすれば、日常生活の平凡な事柄において無数の奉仕をしてくれるだろう。

（聖ホセマリア・エスクリバー著『道』562番）

私も日常生活の中で、ちょっと困ったことがあったとき、守護の天使に気軽に頼みます。すると探していたものがすぐ見つかったり、少しやっかいな問題がうまく解決したりするのです。

いや、天使は実際、「無数の奉仕」をしてくださっているのですが、それに気づくのは自分が頼んだときぐらいなのだと思います。私たちには誰にでもこのような友だちがいて、生涯つき合あっていけるのは、なんと幸いなことでしょう。

神さまとともにいるかぎり、私たちが歩む信仰の道は、苦しくとも楽しい旅路となるでしょう。傍らにはマリアさま、聖人たち、守護の天使もともにいてくださいます。困難や障害があっても、喜びと平安に恵まれ、最後には永遠の幸福に至る道の途上に私たちはいるのです。

祈りの効果

願いなさい。そうすれば与えられ、あなたがたは喜びで満たされる。　ヨハネ16・24

東日本大震災から四年余り、この間にたくさんの「お祈り」が日本中、世界中でなされたことと思います。

果たして、このような祈りは届いているのでしょうか。

被災地へ行ってボランティアなどで実際に助けること、お金を寄付すること、支える形はたくさんあると思います。その中で祈ることは、どのような力になり、何を与えることができるのでしょうか。

祈りはただの思いや言葉ではない

大震災後、家族や友人の安否を憂慮して、あるいは傷ついた人々を心配して心を痛めた人は多いかと思います。家族のため、友人のため、あるいは自分のために、人は自然と祈りを発するものです。

「どうか無事でいますように」、「どうか助けてください」と祈った人がいるでしょう。その祈りは、ただ心の中で心配する、案じるだけのものとは違います。それが自分のための願いであっても、祈りは愛と信頼をもとにした積極的な働きかけなのです。

私が所属する京都教区にある教会では、主日のミサ後に全員で東日本大震災者のための次の祈りをささげています。

あわれみ深い神さま、あなたはどんなときにも私たちから離れることなく、喜びや悲しみを共にしてくださいます。今回の大震災によって苦しむ人々のために、あなたの助けと励ましを与えてください。私たちもその人たちのために犠牲をささげ、祈り続けます。そして、一日も早く、安心して暮らせる日が来ますように。また、この震災で亡くなられたすべての人々が、あなたのもとで安らかに憩うことができますように。主キリストによって。アーメン。

母であるマリアさま、どうか私たちのためにお祈りください。アーメン。

（日本カトリック司教協議会会長談話より）

たぶんほかの地域の各教会でも、また個人的にも、同じような祈りがささげられていると思います。カトリック信者である私たちには、祈る対象がはっきりしています。全能である神さまに向けて、私たちは願い、あるいは語りかけているのです。そして、神さまはその祈りにいつも耳を傾けていらっしゃいます。

なぜ祈りには効果があるのか

なかには、祈りには効果がないと考えている人もいます。祈って期待どおりにならなかったとき、祈ってもどうせ無駄だとやめてしまう人もいます。なんと残念なことでしょう。祈りに効果があることについて『カトリック教会のカテキズム要約』にはこう記してあります。

わたしたちの祈りには効果があります。なぜなら、わたしたちの祈りが信仰のうちにイエスの祈りに結ばれるからです。イエスにおいて、キリスト者の祈りは御父との愛の交わりになります。こうして、わたしたちはわたしたちの願いを神にささげ、聞き入れていただくことができます。

祈りの効果は、私たちの力によるのではなく、全面的に神さまに由来します。私たちは無力なものですが、全知全能である神さまが働かれることによって祈りに効果が生まれるのです。

願い求めたとおりでないことも

しかし、実際、祈っても自分の願ったようにならない場合があります。人間どうしでも、そういうことは多々あるでしょう。願ったからといって、友人がすべて自分の求めたとおりのことをしてくれるわけではありません。小さな子どもが大金をねだっても、親はそっくりそのまま与えるわけがありません。

神さまも同様です。祈りが十分でないとき、あるいは願っているものが今の私たちにふさわしくないときには、すぐにはお与えになりません。また、応えてくださっても、自分の求めたとおりでないこともあります。特に、自分のために祈り求めたときには……。

それでも、私たちの願いは届いているのです。ニューヨーク大学付属ラスク・リハビリテーション研究所のロビーに、作者不詳の印象深い詩が掲げられてあります。

私の願い　――ある兵士の祈り――

成功するために
神に力を願いましたが
与えられたのは謙虚さでした
従うことを学ぶために

善行をするために
健康を願いましたが

与えられたのは病気でした
より善い行いをするために

幸せになるために
冨を願いましたが
与えられたのは貧しさでした
賢くなるために

人から尊敬されるために
能力を願いましたが
与えられたのは弱さでした
神を必要とするために

人生を楽しむために
すべてのものを願いましたが
与えられたのはいのちでした
すべてのものに感謝して生きるために

私がほしかったものは
何も与えられませんでしたが
声にも出さなかった祈りが
聞き届けられ
私は誰よりも豊かで
祝福された人間となれたのです

この詩はアメリカのある兵士が病院の壁に書きつけたものと伝えられています。作者は求めたものが与えられなくても、豊かに祝福されたと悟っています。私たちにも同様のことが起こるかもしれません。神さまは私たちの救いという究極の目的のために、その人に必要なものをくださるのですから。

祈りにはどんな効果があるか

では、被災者にささげるような他者のための祈りはどうでしょうか。私たちが愛の心でたゆまず祈れば、慈悲深い神さまは聞き届けてくださらないはずはありません。救いのためにきっと何かをお与えてくださいます。また、必ず何かを変えてくださいます。

祈って変わるのは、まず私たち自身です。神さまは私たちの心に働きかけ、私たちに必要なものを与えられます。より愛を示す人となるようにと、私たちにできることを示してくださるでしょう。ボランティア等で手助けすること、お金を寄付することも、そのできることの中に入ります。実際にそういう行動ができた人は、神さまの働きかけに、その人が寛大な心で応えたのでしょう。

マザー・テレサは、「私は祈らなければ、活動ができません」と語っていました。私たちも祈りで与えられた霊的な糧が、活動の源となるのです。

しかし、たとえ活動がなく、祈りだけであっても、神さまは現状を変えてくださいます。祈ること自体に大きな価値があるのです。ですから神さまは、ある人にはただ祈ることだけをお求めになります。病床にある人、何らかの理由で現地まで行くことのできない人、また修道院の中で一心に祈りの生活を送っていらっしゃる修道者など、このような人々の祈りは強力です。

ひたすら信頼を寄せ、うまずたゆまず祈り続ける人の願いを、憐み深い神さまがどうして無視できるでしょうか。神さまは、人や現状を変えることができます。現地でのボランティア活動、復興作業、時折見うけられる人々の笑顔は、それらを願い続ける遠い誰かの祈りのおかげかもしれません。

祈りは見えません。その効果も多くの場合、知らされることがありません。けれども、光や空気があるから花は咲くように、祈りがあるからこそ、いずれ私たちの心にも喜びの花が咲くのです。

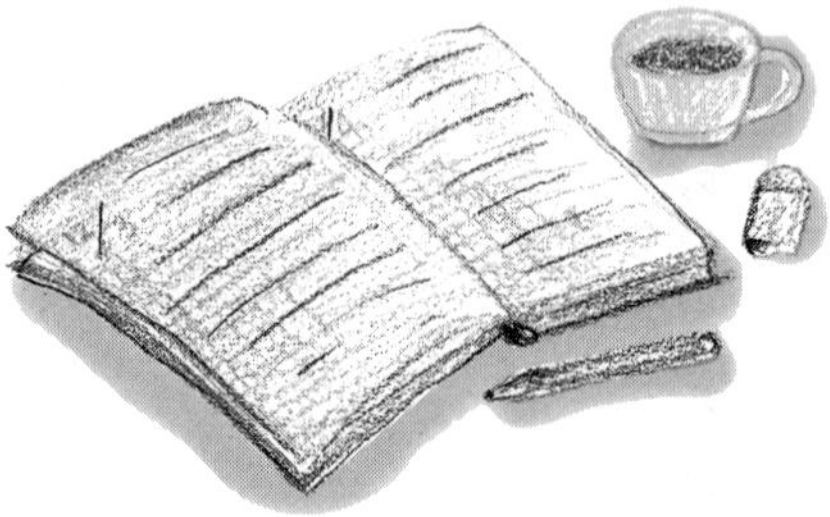

Ⅱ

ひかりの章

ひかり

あなたは光
小さな光でも必要なのです
光の源とつながるかぎり
　絶えることなく輝きます

あなたは光
小さな光でも大切なのです
たとえ目立たなくても

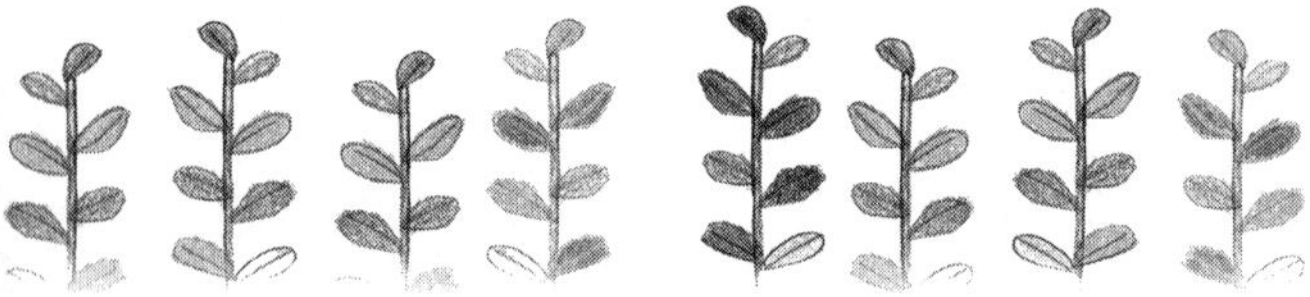

誰かの歩みを導きます

あなたは光
小さな光でも役目があります
この世を明るく照らし
誰かの心に灯ります

小さなことの大きな価値

お前は少しのものに忠実であったから、多くのものを管理させよう。主人と一緒に喜んでくれ。

マタイ25・21

小さな平凡なことに価値があるか

信仰をいただくと人生観が変わります。

私は子どものころから、漠然と考えてきて、ずっと解決できなかった一つの疑問がありました。それは、小さな、平凡なことにどれだけ価値があるのか、ということです。

世間は偉業を讃えます。また偉業を成し遂げた人を賞賛します。人類の文明進歩のためになされた発明、発見。世界経済発展のためになされた政治的活動。文化向上のために創造された芸術作品。スポーツ競技での金メダル。それはそれで素晴らしいことです。まさに賞賛に値します。しかし、そのような業ができないその他多くの平凡な人々の営みは、価値がないものでしょうか。

私たちの一日は、小さいこと、平凡なことの連続で成り立っています。日常の仕事、勉強、義務を果たすこと、家族や周りの人々との付き合いなど、いずれも小さなことです。とりたてて人と違ったことをするわけではなく、ごく当たり前のことをする、それが多くの人々の日常生活です。

そういう人々の外面上の営みは月並みで、ニュース性に乏しく、周りの人から注目を浴びることも賞賛されることも、まずありません。このように特別なことをする才能に恵まれず、平々凡々と生きる人々は、つまらない人間なのでしょうか。無益な人生を過ごしているのでしょうか。そのような疑問があったのです。この疑問は、自分の生き方にも関係する問題でした。

信仰によって見方が変わる

その疑問を解決する糸口を与えてくれたのが、大学生のときに出会った次の言葉でした。

万事を神への愛のために行いなさい。そうすれば、小さいことなど存在しない。万事が偉大である。神の愛のために小さなことを粘り強く実行し続けることは英雄的である。

（聖ホセマリア・エスクリバー著『道』８１３）

当時は、カトリック信者ではなかったのですが、神という存在を知ることで、人生に新たな光が当てられる思いがしました。自分のかぎられた視点からしか見ていなかった物事を、祈りによって神さまの視点から見ることができるようになると、人生の景色が変わっていきます。日常の小さな平凡なことに実は大きな価値があるのだということを次第に知ることができるようになりました。

普通の人も、信仰をもって生きると自分の仕事や日常生活の小さなことをとおして、素晴らしい人生を送ることができることがわかってきたのです。

小さなことへの報い

福音書には、小事を大切にした人としなかった人への評価が述べられています。
ごく小さな事に忠実な者は、大きな事にも忠実である。ごく小さな事に不忠実な者は、大きな事にも不忠実である。（ルカ16・10）
そのため、受ける報いはまったく違います。有名なタラントのたとえ話では、忠実だったものは次のように言われます。
忠実な良いしもべだ。よくやった。お前は少しのものに忠実だったから。多くのも

のを管理させよう。主人と一緒に喜んでくれ。(マタイ25・21)

神さまからこのように言ってもらえたら、どんなに嬉しいことでしょう。このキリストの言葉には、永遠の栄光が約束されています。私たちが任されたわずかなことに忠実でさえあれば、神さまは喜び、天国の幸福に導いてくださるのです。しかしこの逆の場合、次の厳しい言葉をキリストは言われます。

「この役に立たない僕を外に追い出せ。そこで泣きわめいて歯ぎしりするだろう」(マタイ25・30)

小さなことにおける態度の違いは、それこそ天と地以上の差があるのです。

小さなことに愛をこめて

小さき聖テレジアは、自叙伝の中で燃えるような心を言葉にしています。

私は悟ったのです。愛は、ありとあらゆる召しだしをふくみ、愛はすべてであり、愛はあらゆる時代、あらゆる場所を包含する……、ひとことでいうならば、愛は、永遠である、と。……私の天職、ついに私は見つけました。私の天職、それは愛です。……あなたに私の愛をあかすために、私は花びらを投げるよりほかに方法がありません。それはつまり、どんなに小さなぎせいも、一つのまなざし、一つのことばものがさずに、いちばん小さなことをみな利用して、それらを愛によっておこなうことです。

『幼いイエスの聖テレーズ自叙伝』

小さなことであっても軽んずることなく、どれだけ愛をこめたかを神さまは大切に思われます。人の幸せを願って、愛をこめてなされたこと、それはどんなに小さな目立たないことであっても価値があります。神さまの恵みを受け、人を幸せにし、自分自身を幸せにするものとなるのです。

人を幸せにする言葉の力

主の霊は全地に満ち、すべてをつかさどり、あらゆる言葉を知っておられる。
知恵の書1・7

言葉には力がある

言葉には心があります。言葉には力があり、人を動かします。

一つの言葉で喧嘩して
一つの言葉で仲直り

一つの言葉で頭が下がり
一つの言葉で笑い合い
一つの言葉で泣かされる
一つの言葉はそれぞれに
一つの心をもっている
きれいな言葉はきれいな心
優しい言葉は優しい心
一つの言葉を大切に
一つの言葉を美しく

これは作者不詳ですが、よく学校で子どもたちに紹介されている詩です。確かに言葉一つで私たちの気持ちは変わり、行動も変わります。冷たい一言が人を傷つけ、互いの人間関係を壊すこともあります。温かな一言が人を励まし、その人生を支えることもあります。ですから、私たちは一つひとつの言葉を大切に使っていかねばなりません。

人を幸せにできる言葉

普段何気なく使っている言葉にも、人を幸せにできる言葉があります。

教育講演などで、私がよく保護者の皆さまにお願いするのは、子どものためにも、まず自分の心を幸せにする言葉を使ってください、ということです。そうすれば、他者（子ども）も幸せになれるからです。

どんな言葉がよいかというと、感謝の言葉、肯定する言葉、前向きな言葉です。それらを口ぐせになるくらい毎日繰り返していると、次第に自分の心が変わっていきます。前向きな心、肯定的な心、感謝の心となって、他者（子ども）に接していけるようになります。日常生活にこれまで気づかなかった幸せを見いだせたり、元気が出てきたりするようにもなっていきます。すると、人間関係や子育てや仕事などが、だんだんとうまくいくようになるのです。

では、具体的にどんな言葉を口ぐせにすればいいのでしょう。たくさんありますが、次に三つほどあげてみましょう。

「ありがとう」

「ありがとう」という感謝の言葉は、言っている本人も言われている人も幸せになれる言葉です。振り返ってみれば、私たちも周りの人から、いろいろなことをしてもらっています。でも、気づいていないことも多くあるはずです。

気づいていても、当たり前だと思えば、「ありがとう」は出てきません。ついつい文句や愚痴が口に出てくるとすれば、物が不足しているのでなく、感謝の心が不足しているからかもしれません。ですから、日ごろからどんなに些細なことでも「ありがとう」「ありがとうございます」と感謝するくせをつけるのです。すると、日常生活の中に多くの感謝できることを見つけ、毎日喜びが生まれてきます。

「いいね」

「いいね」は、肯定する言葉です。日本の子どもは外国の子どもと比べると、自己肯定感が非常に低いことが各種調査で指摘されています。自分の存在意義をもてずに、「生まれてこなければよかった」と考える子も多いのです。おそらく、学校や家庭でほめられることも、認められることも少ないからだと私は考えています。誰でも自分の行動や言葉、頑張ったことや作ったもの（作品や食事など）を「ダメ」だと否定されると、やる気も自信も萎えてしまいます。でも、認められたり、ほめられたりすると嬉しく、いっそうやる気が湧いてくるものです。それは、大人も同様なのです。

「ハイ」

「ハイ」という返事は、自分の心を素直で前向きな心にする言葉です。

素直さがいかに大事な人間的素養かは、言うまでもありません。素直であれば、多くの人から多くのことを学べます。誰からも好かれます。人の意見に耳を傾け、自らを正すことも伸ばすことも容易となります。「経営の神さま」と称された松下幸之助氏が「経営のコツは、素直さにある」とまで言ったほど、大切な徳なのです。この素直さを身につけるには、「ハイ」とはっきりした返事をすることだと私は教えられました。「ハイ」を漢字で書くと、どうなるでしょう。拝啓の「拝」です。「ハイ」という言葉には相手に対する敬意や謙虚な心が含まれているのです。だからでしょうか、それを聞く周りの人も幸福にする不思議な力をもちます。

ところで、このような言葉や心は私たちと神さまとの関係にも当てはまります。まず感謝すべきなのは神さまに対してであり、神さまはいつも私たちを肯定的に見ていてくださいます。そして、神さまの呼びかけに前向きに応えることが、私たちの幸せにつながるからです。

願いを言葉にして繰り返す

さて、言葉の力は、祈りとも通じるものがあるように思います。

『聖母の騎士』という月刊誌の一九九三年二月号に掲載されたものを読んで、ずっと心に残っている実話をご紹介しましょう。北海道帯広の特別少年院の女性法務教官、Kさんのお話です。

Kさんは、十六年間、少年院でカウンセラーをしている方で、仕事の大半は少年たちの話を聴くことです。

「何回もヤクをやめようと思ったけど、どうしてもやめられない。自分はもうダメなんだ」

覚醒剤で何度も少年院を体験してきた十九歳の少年が、首をうなだれて何度も同じ言葉を繰り返します。自分はこの少年院を出たら、またダメになってしまう。自分はダメな人間なんだということを彼は何度も訴えるのです。しかし、少年がふと漏らした本音がありました。

「先生、本当は自分は普通の生活がしたいんだ」

Ｋさんは、この言葉に希望を見いだし、すかさず少年に勧めます。

「じゃあ、『普通の生活がしたい』『普通の生活がしたい』と常に心の中で念ずるか、言葉に出して何回も何回も言いなさい」

「先生、ダメなんだ。ここを出たらまた繰り返してヤクをやるよ。普通の生活はできないし、その生活がどんなものかもわからない」

「わからなくてもいいの。機械的でいいから、『普通の生活がしたい』って何回も絶えず言い続けなさい」

少年はその言葉に従いました。すると変化が現れ始めました。Ｋさんとの次のカウンセリングから、覚醒剤の話を一切しなくなったのです。

「どうしたの？このごろ、覚醒剤の話をしないけれど」

「先生、そんなこと考えてるヒマないよ。ここを出たらやりたいことがいっぱいあるんだ」

目を輝かせてそう言うのです。そうして、少年の院内生活は模範的になり、一年余りで出院できました。

最後のカウセリングで、少年は言いました。

「先生、自分は先生から言われたとおりやってよかった。だから、今度もし、覚醒剤で入ってくる人がいたら、同じように言ってあげてください」

以後も、Kさんは、カウセリングをとおして、少年たちに願いの言葉を祈りにするすべを伝えてきました。

少年たちは、少年院に入るまでにさまざまな社会現象に巻き込まれ、傷つき、人間不信に陥っています。「親がゆるせない」「母親が憎い」、そういう負の感情でいっぱいです。Kさんは、そんな少年たちに勧めました。「『ゆるせるようになりたい』と口ぐせのように繰り返しなさい」

するとこれも効果てきめんでした。その後のカウセリングで、「先生、ゆるせるようになった」と輝いた顔を見せるようになったのです。

少年たちに勧めた「願いを言葉にする」ということは、Kさん自身が行っていたことでもあります。彼女は、毎朝、少年院の建物がある場所よりいくつか前のバス停で降り、少年院までの道のりを二十分から三十分ほど歩きながら、少年たちのためにロザリオの祈りを唱えていたのです。

願いを言葉にして何度も繰り返していると、心は負の状態から解放されます。神さまを意識しなければ、それは祈りとは言えないかもしれません。でも神さまはその願いをご存じであり、耳を傾けてくださっています。

何度も何度も口にした言葉に応じて、神さまは私たちを少しずつ少しずつ変えてくださるのです。

心を温かくするあいさつ

すると、イエスが行く手に立っていて、「おはよう」と言われたので、婦人たちは近寄り、イエスの足を抱き、その前にひれ伏した。

マタイ28・9

家庭内でのあいさつ

「おはようございます」

一言、誰かにあいさつをされただけで、さわやかな気持ちになったことはないでしょうか。教師だった私は朝、教室に入ったときによくそれを感じました。子どもたちの顔がにこやかにこちらを向き、元気よくあいさつをしてくれる瞬間です。

「おはようございます」

たったそれだけですが、なぜか急に力が湧いてくるような気持ちになるから不思議です。子どもたちの元気な声を聞くと、よし、今日もやるぞ！という気になったものです。

このような気持ちのいいあいさつをご家庭でも交わされているでしょうか。

昔から「親しき仲にも礼儀あり」と言われます。人はあいさつをしっかりし、礼儀正しく振る舞うことによって、相手への敬意を表し人格を尊重してきました。それは親子であっても、異なる人格の集合する家庭内にも必要なことです。

「おはようございます」「いただきます」「ごちそうさま」「いってきます」「ただいま」「おかえりなさい」「おやすみなさい」

このような短いあいさつが夫婦間、親子間でもあるならば、家族の心の通い合う機会は多くなります。それができる家庭は、互いを大切にしようと、一人ひとりが気を配っている心温かい家庭なのだと思います。

あいさつに心をこめる

毎週発行しているメルマガに書いた文です。

あいさつに心を

たった一言でもいいのです。その言葉に心をこめます。
「おはよう」のあいさつのあとに（今日も良いことがありますように）と、心の中で
そっとつけくわえる。
すると、あいさつに心がこもります。
「こんにちは」のあいさつのあとに、（お互いに楽しく過ごせますように）と、心の
中で祈る。

すると、あいさつで心が通います。
「おつかれさまでした」のあとに、（今日もありがとうございました）と、心の中で感謝する。
すると、あいさつで心が癒されます。

あなたのあいさつで嬉しくなれる人が、
あなたのあいさつで元気になれる人が、
あなたのあいさつで幸せになれる人が、
あなたの近くにもきっといます。

あいさつを交わすとき、その人の表情にも心が表れるものです。にこやかにあいさつをしていただいたら嬉しいので、私も努めてそう心がけています。

あいさつで元気になる

こんな話があります。

ひどい孤独感から生き甲斐感を喪失し、自殺をしようと思いつめて山道を登っていた青年がいました。適当な崖から身を投げようと死に場所を探していたのです。ところが、道ですれ違う人たちから「こんにちは」、「いい天気ですね」などと声をかけられました。「この先は危ない崖がありますから気をつけてくださいね」とも。

そのうち彼も顔をあげ、出会う人たちに「こんにちは」と言葉を返すようになりました。山頂の遥かなる展望を前にするころには、彼の心は一変していました。「生きよう。自分から人とかかわっていこう」と。

誰にでも、人知れず落ち込んだり、孤独を感じたりするときはあるでしょう。ですから私たちは人から声をかけられたり、かけたりする必要があります。たった一言のあいさつでも、私たちを互いに元気に幸せにするのですから。

神さまへのあいさつ

ところで、私たちは神さまにも毎日あいさつをすることができます。朝起きたとき、食事のとき、寝るとき、教会の前を通るときなど、一日の中にあいさつをする機会はいくらでもあります。以前聞いて心に深く残った話です。

ある人が仕事の合間、毎日のように教会に行って、短いけれど心のこもったご聖体訪問をしていました。「イエスさま、こんにちは。今日もあなたに会いに来ましたよ」などと。

彼が年老いて入院したとき、医者や看護師たちは不思議でした。誰も見舞客がいなくても、彼は始終穏やかで幸せそうなのです。尋ねると、彼はその秘密を打ち明けてくれました。
「体が動かなくなってからは、イエスさまが毎日、私のもとに来てくださるようになりました。ほら、その椅子にさっきまで掛けていらしたのですよ」

忙しい日常生活の合間に、私たちが神さまに心を向けるのを神さまは待っておられますし、それを大変喜ばれます。そうして信仰の耳をすませば、神さまこそ、いつも私たちに優しく声をかけてくださっているのがわかるでしょう。

「ごめんなさい」と神さま

打ち砕かれ悔いる心を、神よ、あなたは侮られません。

詩編51・19

ある家庭の「灰皿事件」

朝、学校に慌てて出かけようとする中学生が、灰皿をひっくり返し、灰と吸い殻が畳に飛び散りました。

「あっ、なんだよ。ちゃんと片付けないからだよ」

それを聞いて、朝食の片付けをしていた母親が口をとがらせて言いました。

「お父さんが、夕べから出しっぱなしにしているからですよ」

すると、ようやく身仕度の整ったお父さんが、お母さんと子どもを交互に見ながら言いました。

「お母さん、気がついてたら、片付けてくれてもいいじゃないか。だいたい遅くまで寝て、慌てて学校に行こうとする者がいかん」

「そうよ。勉強もしないのに夜遅くまで起きてるから、朝寝坊するのよ」

「あ〜あ、また説教か。嫌だ、嫌だ」

逃げるように飛び出して行く息子を見ながら、両親はそれぞれにため息をつくのでした。口を開けば、夫婦喧嘩になりそうなので黙りこくりながら。

こうして、この家族は三者三様互いに嫌な気分で一日を始めることになります。

「ごめんなさい」の一言

小学校に勤めていたころ、この話を使った授業で、「どうして、こんなことになったのでしょう」と子どもたちに質問したことがあります。

「中学生が慌てていたから」「お父さんがちゃんと片付けなかったから」「お母さんも気づいていたのに何もしなかったから」などと子どもたちは言います。

「じゃあ、灰皿がひっくり返ったあと、どうすればよかった」と聞くと、「やっぱり中学生が謝るべき」「でもお母さんとお父さんも反省したほうがいい」と言います。

なるほど、もし中学生が真っ先に自分の落ち度を認めていたらどうでしょう。

「あっ、ひっくり返しちゃった。ごめんなさい」

すると、お母さんの態度も違っていたかもしれません。

「あら、その灰皿、気になってたのよ。お母さんが片付けておけばよかったわ」

それを聞いてお父さんは、「いやいや、すまん。自分が片付けるべきだったよ」とは言わないにしても、置きっぱなしにしたのはまずかったな、これからは気をつけよう、と考えるでしょう。そうなると、互いに非難し合うことはありません。自分の落ち度を素直に認める家族の態度を不快に感じるどころか敬意をもつでしょう。この小さな「灰皿事件」のおかげで家族の絆をいっそう強めることもできたのです。

「ごめんなさい」のたった一言が、より良い人間関係をつくります。短いけれど、とても大切な言葉なのです。

ゆるしの秘跡

ところで、「ごめんなさい」は、神さまと私たちの関係をより良いものにするためにも大切な言葉です。原罪をもって生まれてきた私たちは、誰でも弱さや罪への傾きがあります。誘惑に負けやすく、自分の欲を抑えることができずに、罪を犯してしまうことがあるでしょう。けれども、そんな自分の罪を認め、心から悔いるなら神さまはゆるしてくださるのです。

キリスト信者となった人は、洗礼の秘跡によって、原罪とすべての自罪、また罪ゆえのすべての罰がゆるされます。そして、成聖の恩恵をいただき、対神徳と聖霊のたまものを受けます。また、神の子として天国に入る権利と、ほかの秘跡を受ける権利をいただけるのです。

それ以後も、犯した罪を悔い改めるなら、神さまは私たちをゆるしてくださいます。そのためには、ゆるしの秘跡の場で自分の罪を告白すればよいのです。自分の非を謙遜に受けとめて、口に出すのは、やっかいで難しいと感じることがあるかもしれません。けれども、ゆるしの秘跡にあずかる人を神さまは慈しんでくださいます。そして、ゆるしと和解と恩恵によって、神さまとの絆をいっそう強めてくださるのです。

「待っています」

昨年の四旬節中、ある教会の主日のミサに出たときに、かつて聞いたことがない印象的な説教を耳にしました。

外国人のある神父さまがユーモアをもって最後にこうおっしゃったのです。

「皆さま、お願いします。どうかゆるしの秘跡にあずかってください。今日はごミサのあとに、私は待っています。あの寒い寒い告解室の中で、皆さま全員が来られるのを待っていますよ。全員が終わるまで、夕方までかかるかもしれませんけど」

「あの寒い寒い告解室」と「全員」（百人以上？）というユーモアに、私も参列者も笑ってしまいました。そして、同時に心が温かくなるような思いがしました。神父さまのお願いは、紛れもなく神さまからのメッセージだと感じたのです。

ところで、四旬節にかぎらず、神さまは待っていらっしゃいます。私たちの心からの悔い改めの言葉と行いを待っていらっしゃいます。私たちの罪をすべてゆるすためめに、いつもいつまでも待ってくださっているのです。

聖母マリアが望む祈り

力ある方が、わたしに偉大なことをなさいましたから。
ルカ1・49

ルルドでのご出現

ご存じのことながら、ルルドと呼ばれる巡礼地が世界各地につくられています。洞窟の入り口に聖母マリア像がたたずみ、その脇にひざまずく聖ベルナデッタの像が置かれているのが、一般的な形です。これはフランスのルルドという町にある、世界的に名高い巡礼地を模《かたど》ったものです。

もともとルルドは、ピレネー山脈のふもとにある小さな町でしたが、一九五八年、洞窟に聖母が出現したことで、聖なる地となったのです。

聖母に出会ったのは、当時十四歳の貧しい粉屋の娘ベルナデッタ・スビルー。聖母がベルナデッタに命じると洞窟の近くに泉が湧きあがりました。その泉の水がこの地を訪れる病人を奇跡的に治癒するという現象を今も起こしているのです。

ルルドでの奇跡

この現象に疑いをもった人はもちろんいます。その一人、アレクシス・カレルはフランス人の医師で、一九一二年のノーベル生理学・医学賞受賞者です。

カレルは、リヨンから巡礼団の付き添い医師として、一九〇二年に初めてこのルルドを訪れました。信仰に懐疑的だった彼がこの地を訪れたのは、ルルドで起こるとされる奇跡の真相を科学的に調査し、解明したかったからです。無論、彼は奇跡など起こらないと考えていました。

カレルの診ていた巡礼団の病人の中に、マリー・フェランという結核性腹膜炎で瀕死の娘がいました。もはや医学的治療では治らないが、ルルドに行って祈ればきっと治ると彼女は信じていたのです。主治医であったカレルは、もしあの娘が治ったら奇跡を認めるが、そんなことはあり得ないと友人に語っていました。ところが、ほかならぬこの娘に奇跡が起こりました。しかもカレルの目の前で一瞬にしてその娘は完治したのです。彼は、『ルルドへの旅・祈り』（春秋社）という自著でその体験を記すとともに、この出来事が自分の回心のきっかけになったことを認めています。

永井隆とルルドの水

ルルドの水の奇跡的な出来事は、日本にもあります。公にされているのは、永井隆博士の奇跡的な治癒です。

永井博士は原子爆弾で被害を受けた人たちへの献身的な救護が一段落したあと、自分自身が倒れてしまいます。白血病で余命三年と宣告された体に、原爆での重傷と過労が重なっていました。

全身にむくみが出て、顔は黒くはれあがり、原爆で受けたこめかみの傷の出血が止まらず、ついに危篤に陥ったのです。それを聞きつけて、大学病院の医師たちが駆けつけてくれました。出血を止めるために手で傷口をおさえ、交代で何日も徹夜して治療にあたりました。しかし、体は弱っていくばかり。いよいよ危なくなったので、神父から病者の秘跡をさずけてもらい、義母が本河内教会のルルドの水を飲むように勧めました。そのルルドは永井博士と親交があった聖母の騎士修道会の創立者、マキシミリアノ・コルベ神父ゆかりのものです。

永井博士が祈りながら水を飲み、深い眠りにつくと、不思議なことに手のほどこしようのなかった出血が止まりました。そして体は少しずつ回復していき、一命をとりとめたのです。もしこのとき、永井博士が亡くなっていれば、『長崎の鐘』『この子を残して』などの名著や映画などは生まれていません。

ロザリオを祈る

ルルドの水や祈りによって、奇跡的治癒が起こるのは、聖母の力によるのではなく、神さまのご意向と全能によります。聖母は、その取り次ぎをしてくださるのです。もちろん願えば必ず奇跡が起こるというわけではありません。神さまは何かより大きな善のために、必要であれば奇跡を行うでしょうし、でなければ行わないでしょう。

私は洗礼を受ける前から、五月は特によくロザリオを祈るようにと友人から勧められました。できれば日本で近くのルルドに行って祈るようにとも言われ、連れて行ってもらいました。それは、聖母マリアが望まれていることとです。

一九五八年二月十一日のルルドでの最初のご出現のときから、聖母はベルナデッタとともにロザリオの祈りを唱えられました。そしてあるときは、悲しそうな声で「罪人のために祈りなさい」とおっしゃったそうです。また、五月十三日はポルトガルのファティマに聖母がご出現なさった記念日ですが、四回目のご出現のとき、「毎日ロザリオの祈りを続けてくだささい。罪人のためにたくさん祈り、償いをささげてください」とおっしゃっています。罪人とは、まず自分自身かもしれません。家族や友人や同僚かもしれません。私たちの慈悲深い母親である聖母は、祈ることで私たち皆が救われることを切に望んでいらっしゃるのです。

マリアはその母性愛から、まだ旅を続けている自分の子の兄弟たち、危険や困難の中にある兄弟たちが、幸福な祖国に到達するまで、配慮し続ける。

（『教会憲章』第8章62）

神の御母に取り次ぎを願えば、きっと神さまは助けてくださいます。道半ばにある私たちを元気づけ勇気づけ、ときには誰かの回心、あるいは奇跡的な回心のために大きな恵みをくださるでしょう。

聖母マリアと共に生きる

おめでとう、恵まれた方。主があなたと共におられる。

ルカ1・28

カトリック学校、幼稚園の強み

松山市にある聖カタリナ女子高校の「聖母を讃える集い」に参加させていただいたことがあります。司祭の司式の「みことばの祭儀」に全教職員、全生徒が参加、カトリック信者でない方、ことに入学したばかりの新入生たちは壇上で行われることや、司祭の言葉の意味を全部理解できるわけではないでしょう。それでも学校をあげて聖母を讃え、祈りをささげることができるのは、カトリック学校の強みです。

聖母と共に生きる

被昇天の恵みを受けたマリアさまはどこか遠くにいるわけではありません。天国にいるということは、すぐ私たちの傍らにいることができるということ。地上にいるとき以上に、私たちの願いを取り次ぎ、見守り助けてくださることができるということです。

聖カタリナ女子高校では、「共に生きる」がその学校の年間のテーマでした。誰も孤独に陥ることなく、奉仕活動や祈りにおいて、周りの人や神とともに生きることができればという願いがあるのでしょう。

そのためには、聖母マリアに倣って、聖母マリアのように、聖母マリアと共に生きることができればと、私も願うのです。

日常生活を生きた聖母

私たちは、マリアさまに自分の日常生活の中で出会い、その模範に倣うことができます。

聖母マリアも、その生涯の大部分を平凡な日常生活の中に過ごしました。マリアさまは地上にいる間、なんの目立ったことも、奇跡も行いませんでした。天使のお告げなど大きな事件はあっても、それはマリアさまが行ったことではなく、マリアさまに起こったことです。

マリアさまの日々の務めは、家事でした。それは現代の普通の主婦が日々行う家事とまったく同じです。炊事、洗濯、裁縫など、家の中に山ほどある細々とした家事や家族の世話が毎日の仕事でした。親しい人々への細やかな心づかい、友人や親戚との話し合いや訪問など、普通の主婦がしていることをマリアさまもしていました。

このように外面的には平凡な生活を送りながらも、マリアさまが歴史上のどの人物よりも偉大であり、全被造物の中で最も聖なる者と言われるのはなぜでしょう。

それを考えるとき、マリアさまが無原罪の御宿り、神の御母という特別な恩恵をいただいたこと、と同時に忘れてはならないことがあります。それはマリアさまがその恩恵と神さまのみ心に生涯をかけてどのように応えたかということです。

愛をもって生きた聖母

神がマリアさまに期待したことは、まずイエスさまの母親になることでした。子どもを産めば、それだけで母親であるとは言えません。育ててあげてこそ、母親です。子どもを育てるということは、細やかな愛情を毎日毎日、与え続けてできることです。

もちろんマリアさまは、イエスさまの母親として自分のできるかぎりのことをしてきたのです。約三十年間、慎ましやかに謙遜に、特に変わったことも目立ったこともせずに生活しました。普通の家庭の主婦がする日常的な雑事を軽んずることなく、愛をこめて、一つ一つていねいに果たしました。それが神のみ心だったからです。聖性は日常生活をとおして高めていくことができます。日常生活の中に神のみ心を見て取り、小さなことであっても愛をこめて果たすことによって高められます。マリアさまも自己の聖性をそのようにして高めていったのです。

私たちにとって聖母マリアは、模範であり、道であり、支えです。私たちも自分が置かれた場で、日常の仕事や勉強や小さなことをとおして、マリアさまのように生きることができるのではないでしょうか。

幸せのありか

あなたがたは幸いである。

マタイ5・11

幸福を探す王さま

昔々、あるところに王さまがいました。立派な宮殿に住んで、美しい后やかわいい王子たちや忠実な家来たちに囲まれて、何不自由なく暮らしているのに、王さまはいつも憂うつな顔をしているのです。自分はなんでももっているけれど、ただ一つ思うにまかせないことがある。それは、自分が幸福というものを知らないことだ。どうしたら幸福になれるのだろう。そう考えてクヨクヨしているからでした。

あるとき、遠い国から名高い占い師がやってきました。未来のことでも、人の願いごとをかなえる方法でもなんでも教えてくれるという評判です。さっそく王さまの前に呼び出された占い師は、こう答えました。

「幸福になる道ですか？　国中を探して、本当に自分が幸福だと思っている者を見つけたら、その人の着ている下着をゆずってもらって、それをご自分がお召しになればよいのです」

王さまはすぐに、一番信用できる大臣に言いつけ、その幸福な人間を探しに行かせました。大臣は、金持ちや有名人やいろいろな人を訪れ、「あなたは幸福ですか」と尋ねました。しかし、みんな、「とんでもない。それどころか……」と愚痴や不満を言い出します。国中を歩き尋ねまわり、三カ月がたちました。それでも見つかりません。

「世の中に幸福な人間などいないのか」

大臣は疲れ果て、山の中をトボトボ歩いていると、楽しげに歌を歌っている一人の羊飼いに出会いました。ボロ服を着て、羊と草の上に座っているのですが、あまりにも晴れ晴れとした顔をしているので、聞いてみることにしました。

「おまえさんは、幸福かね？」

「ああ、お日さまは暖かく照らしてくれる。牝牛はうまい乳を飲ませてくれる。人は親切だし、俺はみんなが大好きだ。まったく幸福だと思うよ」

この男だ！　と確信した大臣は喜びをかくしきれずに言います。

「おまえさんの下着をゆずってくれんかね」

「下着、ダメだよ」

「いや、なぁに、金はある。いくらならゆずれるかね」

「金の問題じゃないよ。俺は下着を着てないんだよ」

幸福を探す私たち

これは、昭和のザビエルと言われたカンドウ神父が幼いころ、母親から聞いて忘れられなくなった物語とのことです。私もこの話を知って以来、折に触れていろいろなことを考えさせられました。

私たちは皆、幸せを求めて生きています。そしてときどき、この王さまのようになっているのではないかと思うのです。美しい后やかわいい子ども、財宝や権力をもっていてもいなくても、今の状態に幸せを感じていなければ王さまとあまり変わりません。

あの王さまのように、今もっているものの良さを知らない。自分がどれだけ恵まれているかに気づかない。あって当たり前だと感じ、ありがたくも思わない。そうして他人や、他人のもっているものと比較し、ついつい愚痴や不平が出ます。ほかに良いものがあろうと外を探し回り、人をうらやみ、妬《ねた》みもします。その良い物を手に入れるために無理をし、ストレスをためて疲れます。

そうして手にしても、その満足感は一時的なもので、すぐに飽きてしまいます。そして、自分を本当に満足させ得るものはないかとまた当てもなく探し回ります。しかし本来幸せは、探さなくとも、身近にあるものではないでしょうか。

幸せは感謝によって気づくもの

幸せは、なるものというより、気づくものではないかと思います。天国での永遠の幸福ほどではなくとも、私たちはこの世で幸せを感じることができます。あの王さまのように幸せは探さなくても、あるのです。そのためには、幸せに気づく心を養うことが必要かと思います。

特に心がけたいのは、感謝すること。自分に与えられた一つひとつのことに感謝することです。

たとえば、今日一日に感謝する。今日がやってきて、今日が過ぎていくのは、当たり前のようであって、当たり前ではありません。どんなに望んでも「今日」という時間は、私たちに生み出せるものではありません。

「今日」を生きたかったのに、泣く泣く逝ってしまった人は大勢いるのです。その「今日」という貴重な時間を、私たちは無償で与えられています。そして、「今日」という時間の中に、神さまはたくさんのプレゼントをくださっています。

自分がいる。大切な家族や友人がいる。犬や猫や鳥もいる。海や空がある。山や川がある。食べるものも、飲むものもある。

「今日」という時間は、たくさんのプレゼントが入っている宝箱のようです。それらに感謝するとき、私たちは何と幸いな者かと思えるのです。

愚かさをゆるす

人の怒りは、神の義を実現するものではありません。

ヤコブ1・20

怒りからは害が生まれる

怒りは、だれにでも生じる感情です。本能的な感情なので、湧きあがってくるのは避けられません。でも、怒りを表に出してしまうと、よいことはあまりないでしょう。怒鳴られて気持ちよい人など、まずいません。怒鳴った人と怒鳴られた人の関係は、悪くなります。家族や友人、仕事上の人間関係も壊れてしまいます。怒った人も怒られた人も、自信をなくしたり落ち込んだりします。

怒りは感情の中でも、とても激しいものです。瞬間的に湧きあがり、一気に増幅します。ときには、暴言や暴力となって人を傷つけてしまいます。でも、我慢していると心の中に怒りが溜まるばかりで、心と身体は強いストレスを受け続けます。うつ状態にもなるし、さまざまな病気の原因にもなります。

つまり怒りは、人間関係を悪くし、心身の健康を害し、仕事や人生にも悪影響を与えるのです。

怒りから解放されるために

では、この怒りから解放されるにはどうしたらよいのでしょうか。拙著『イラッとしたときやさしい気持ちになれる本』（成美堂出版）に掲載した小学五年生の女の子の作文があります。その中に、私は学ぶべきことがあると思います。これは、私が大好きな作文で、あちこちの教育講演会でも好評です。

私の母ちゃん、バカ母ちゃん

私の母ちゃんは本当にバカです。いつも失敗ばかりしています。

炊事と洗濯を一緒にするから、煮物の途中でシャツを干そうとしていて、煮物が吹きこぼれ、火を止めに走ろうとすると、竿に通しかけたシャツは地面に放り出されます。シャツは泥だらけ、そして煮物のナベはひっくり返してしまい台無しです。

すると、バカ母ちゃんは、ひょうきんにすぐおどけて謝ります。

「こんな私で悪かった。ごめんね。父ちゃん、カンベンな」

すると、父ちゃんは「バカだなあ」といって笑います。そういう父ちゃんもバカ父ちゃんです。

いつかの日曜日、皆で朝ご飯を食べていると、奥から慌ててズボンと洋服を着ながらカバンを抱えて茶の間を走り抜けていきました。

「ああもうダメだ。こりゃいかん」とか言って玄関から飛び出していってしまいました。

「まただね。しばらくしたら帰ってくるからな」と母ちゃんは落ち着いたものです。

すると案の定、父ちゃんは帰ってきて恥ずかしそうに「また、無駄な努力をしてしまった。日曜日だというのに、ハハハ」と言いわけを言っています。

そんなバカ父ちゃんとバカ母ちゃんの間に生まれた私が、利口なはずがありません。弟もバカです。私のところは家中皆バカです。でも私は……。私は、そんなバカ母ちゃんが大好きです。世界中のだれよりも一番好きです。

私は大きくなったら、うちのバカ母ちゃんのような大人になって、うちのバカ父ちゃんのような男の人と結婚して、子どもを産みます。

そして、私のようなバカ姉ちゃんと弟のようなバカ弟をつくって、家中バカ一家で、今の私の家のように、明るくて、楽しい家族にしたいと思います。

バカ母ちゃん。そのときまで元気でいてくださいね。

ゆるし合う、愛し合う

楽しい作文でしょう。この家庭は、なぜこんなに明るいのでしょうか。それは、家族各々が互いに自分たちの愚かさをゆるし合っているからではないかと私は思います。だれでも、バカなところもあれば、失敗することもあります。でも、それをゆるし合うことで、温かな気持ちが生まれるのです。ゆるすということは、相手を受け入れること、愛することでもあります。

この女の子はお母さんが大好きです。お父さんみたいな人と結婚したいと言っています。素晴らしいことです。そして自分も大好き。自分みたいな子どもを産みたいと言っているのです。なんて幸せなことでしょう。

互いにバカなところはあっていいのです。この子の家庭のように、互いにゆるし合い、愛し合うことで、それはむしろ温かな魅力になるのです。

互いに忍び合い、責めるべきことがあっても、赦し合いなさい。主があなたがたを赦してくださったように、あなたがたも同じようにしなさい。（コロサイ3・13）

私たちは、ゆるし合い、愛し合う大きな家族の一員です。父である神さまは、私たちの罪をゆるし、贖《あがな》うために世に来られました。そして、洗礼によって私たちのすべての罪をゆるしてくださいました。それ以後も、ゆるしの秘跡によって、いつでもゆるしてくださいます。なんてありがたいことでしょう。

何かで怒りやイライラが湧いてきたとき、私もこの神さまの寛大さを思い出し、自分と人の愚かさをゆるし愛することに努めたいと思います。

仕事をとおして幸せに

あなたがたもこのように働いて弱い者を助けるように。

使徒言行録20・35

心構えで仕事のやりがいも変わる

同じ仕事をしながら、活き活きと働いている人もそうでない人もいます。何が違うのでしょうか。おそらく、自分に向いている仕事かどうか、その仕事の成果や評価・報酬がどうかも、その要因にあるでしょう。しかし、仕事に取り組む心構えによっても、仕事へのやりがいは違ってくるものです。一つのたとえ話です。

ヨーロッパのある建築現場で同じ作業をしている労働者たちがいました。ある人が、一人の労働者に尋ねました。

「あなたは何をしているのですか」

すると、その人は不機嫌そうに言いました。

「見てわからんのか。レンガを積んでいるんだ」

この人は、ただ言われたことを仕方なくしていたのかもしれません。

次に、別の人に同じことを聞いてみました。すると、その人は疲れた表情で答えました。

「家族を養うために金をかせいでいるんだよ」

仕事はきつく、報酬はそれに見合ったものではなかったのかもしれません。しかし、同じ仕事をしているのに活き活きと働いている人がいました。その人はにこにこしながら、こう答えたのです。

「みんなのために大聖堂を造っているのですよ」

日常の仕事によって

仕事は楽しいばかりではなく、単調かつ退屈でつらいときもあります。収入を得る手段でもありますが、それだけではむなしいものです。仕事は本来、人の役に立ち、人を幸福にできるものです。三番目の労働者は、仕事をそう考え、やりがいと誇りもって働いていたのです。自分の並べるレンガの一つひとつが、いずれ大聖堂となる。その聖堂にたくさんの人がやってきて、幸福な時間を過ごす。それは、何十年も何百年も続く。そのためのレンガをいま自分は運び、一つひとつ積んでいるのだ、と。私たちの日常の仕事も同様です。たとえ毎日の仕事が平凡で目立たないものであっても、人の役に立ち、人を幸福にできるものになり得るのです。

愛する家族のために、心をこめて家事に従事している主婦がいます。自分の仕事は子どもの一生に大きく影響すると考えて、責任とやりがいをもって働く教師がいます。

自分のつくった商品でだれかが笑顔になってほしいと汗を流す製造業者がいます。人の体や心やいのちを守るために使命感をもって働く医療関係者がいます。

自分の仕事がいかに大切かを自覚すると、やりがいをもって活き活きと働くことができるようになります。その仕事の些細な行い一つひとつは、家族を支え、社会に貢献すると同時に、神さまを喜ばせるものとなります。この仕事をとおして誰かに幸せになってほしい。そのような心をもってなされた仕事は、たとえ目立たない仕事であっても、神さまに祝福されるものとなるのです。

仕事は幸せになる道

実は、この考えは、スペインに生まれた聖ホセマリア・エスクリバー神父（一九〇二～七五）に教えていただいたことです。仕事は幸せになる道であることを神さまから示された聖ホセマリアは、そのメッセージを世界中の人に伝える使命をもっていました。そして、日本でキリスト教を知らなかった私にも届き、いまも私を支えています。

その考えを一般の日本人向けに表してみた文章です。

仕事をとおして幸せに

あなたは、生まれながらに素晴らしい能力をもっています。
その能力は、仕事をし続けることでさらに高められるでしょう。
あなたは、生まれながらに素晴らしい心をもっています。
その心は、仕事をし続けることでさらに光輝くでしょう。
仕事は「仕える事」と書き、幸せは「仕合せ」とも書きます。
仕え合ってこそ、私たちは幸福になることができます。
あなたは、生まれながらに人を幸福にできる力をもっています。
あなたは、仕事をとおして、人と自分を幸福にすることができます。

誰でも、自分の意にそぐわない仕事をしなければならないことがあります。でも、そういう仕事もあなたを人間として成長させてくれるのです。

仕事は、人間修行の場です。

仕事をとおして、自分を磨き高めていけるのなら、なんと有り難いことでしょう。

仕事をとおして、だれか一人の役立つのなら、なんと素晴らしいことでしょう。

つらいとき、苦しいとき、悔しいとき、とてもそう思えないかもしれません。

でも、そんなときも誰にも見えないところで根を張り、ぐんぐん成長しているのです。

いつかあなたが美しい花を咲かせ、立派な実を結ぶために……。

いま、この仕事をとおして祈りましょう。

人と自分を幸福にし、神さまに祝福された人生を歩むために……。

神との出会い

全世界に行って、すべての造られたものに福音を宣べ伝えなさい。　マルコ16・15

幼心にあった神の存在

何事のおわしますをば知らねどもかたじけなさに涙こぼるる　（西行）

どのような神さまがいらっしゃるかわからないが、ありがたさで涙がこぼれてしまうという意味の歌です。神々しさにうたれて、思わず手を合わせてしまう、日本人の自然な宗教心を表現したものといえるでしょう。

このように人間を超える存在を意識し、畏敬の念にとらえられたり、かしこまったりするのは誰にでも起こり得ることでしょう。特に幼少のころの素直さは、神さまを信じるのになんの障害もないかのようです。

思い起こせば、私もそうでした。父母は、神社に行けば賽銭を投げて手を合わせ、寺院に行けば仏像を拝む、ごく普通の日本人でした。当然、幼い私もそのまねをするのに抵抗のあるはずがありません。

家には小さいながらも神棚がありました。その神棚には「神さん」がいるのだと教えられれば、疑いませんでした。時折、父母がその前で手を合わせて拝む姿を見たり、供え物の食物や酒を飼えたりするようなときには、「神さん」って偉いんだなと思わざるを得ませんでした。

「そんなことをしたら天罰が下る」とか「願いごとをしたらかなえられる」など、何度か聞かされたこともあります。

ある嵐の日の夕方、仕事に行った両親が帰って来られなくなったのではと心配して、一人神棚に手を合わせていたことを覚えています。それが何の神さまか知りもしませんでしたが、「神さん」は恐ろしくもあり、頼もしくもある不思議な存在として、漠然と幼い心に宿っていたのです。

神を紹介してくれた友だち

しかし、そのような幼い信仰心は、年齢を重ね、さまざまな知識や情報を得るにつれて、さらには思春期の生意気さも手伝って、次第に薄れていきました。中・高校生のときは、少しも神さまを信じていなかったと言っていいでしょう。

宗教とは科学と相反するもの。この世に望みのなくなった人が最後の頼みの綱としてすがるもの。そして、若者らしい自由を束縛するもの。そんな間違った暗いイメージをもっていました。私の故郷で教会を目にすることはなく、周りにはキリスト信者は誰もおらず、まったくカトリックとは無縁の十八年間を過ごしました。

そんな私が年相応の理性に根ざした信仰心をもてるようになったのは、大学のときからです。長崎で幸いにカトリック信者の友だちに出会ったからです。その人、Hくんは、大学のクラスメートで、彼自身も高校のときに友だちの影響で洗礼を受けたそうです。

彼は別に変わったところのない、スポーツ好きで勉強も真面目な学生の一人でした。ただ違うのは、信仰心があり、それが彼の日常生活を活き活きしたものにしていたことです。カトリック信者であることに誇りをもち、その教えの素晴らしさを周りの友だちにも伝えようとしていました。宗教が科学と矛盾するものではないこと、この世を充実して幸せに生きたい老若男女すべての人のものであることを、私は彼の言葉と振る舞いで知りました。

なぜ信仰を伝えるのか、彼は次のように言いました。

「自分のもっている最も良いものを伝えたい。それが自分の家族や友だちなら、当然のことじゃないか」

彼に出会わなかったら、おそらく私はカトリック要理の勉強を始めることも、その一年後に洗礼を受けることもなかったでしょう。

人に神を紹介する

今、この文章を読んでいる方のほとんどは、すでに神さまに出会った人でしょう。さて、今度は私たちが、人に神さまを紹介する番です。自分に伝えられた福音を周りの人に宣教していくのです。

前教皇ベネディクト十六世が、「最高の愛徳は、福音を述べ伝えることだ」と言われたように、福音宣教は私たちが受けた愛を人にも分かち合う愛の業です。

では、どのように宣教していけばいいのでしょうか。

手段は、まず祈りと犠牲、そして活動です。活動といっても、別に変わったことをする必要はないでしょう。友だちとの親しい語り合いによって、自分の信じている教えを伝えること。この「カトリック生活」やキリストの精神に基づいた良書を勧めて話題にするのも良いことでしょう。

周りの人は神さまと出会った私たちをとおして、神さまと出会うことができます。目に見えない神さまを私たちの言葉や行いによって知るのです。

ですから一番大切なのは、模範です。良い信者となるように自分の弱さと戦うこと。神さまが私たちをゆるし、愛してくださったように、私たちも周りの人に接していくように努めること。そのような模範があれば、いっそう効果的に福音宣教の効果を上げていきます。そして、そんな私たちを見て、神さまは大変喜ばれ、助けてくださるでしょう。

Ⅲ

みのりの章

みのり

この世を去るとき
誰がそばにいてくれるでしょうか
別れを惜しんで
泣いてくれるでしょうか
新しい旅立ちに
ほほえんでくれるでしょうか

天国の門の前で
きっと聞かれるでしょう

「あなたは神と人のために何をしましたか」

この世を去るとき
あなたは何を考えているでしょうか
誰かに
謝りたいと思うのでしょうか
誰かに
感謝したいと思うのでしょうか

天国の門の前で
見せてもらえるかもしれません
「これがあなたの人生の実りです」

食べること、祈ること

あなたがたは食べるにしろ飲むにしろ、何をするにしても、すべて神の栄光を現すためにしなさい。

一コリント10・31

給食の風景

食べることは、人間の生命を維持するためにも、元気で幸せな生活を送るうえでも大切な営みです。

学校に勤めているとき、子どもたちと給食をともにしました。子どもたちは、給食が大好きです。特に、超人気メニューのカレー、豚汁などが出る日は、朝からワクワクした顔がちらほら見られました。食べているときは幸せいっぱい、食べたあとは元気いっぱいで遊びに行きました。勉強よりも給食が楽しみで学校に来ていた子も多かったかもしれません。でも、子どもたちの苦手な野菜などを含むメニューのときは、食べさせるのに四苦八苦しました。無理やり食べさせようとしてもダメでした。

低学年の子どもに一番効果的だったのが、暗示をかけるやり方です。まず、「これ、おいしいよ」と言って、目の前で私がおいしそうに食べてみせます。そうすれば、その子も恐る恐る箸をつけて、食べ物を口に入れます。そこですかさず、「ね、おいしいでしょう」、「おいしいね」と、にこにこしながら、パクパクと食べてみせます。すると、その子もモグモグと口を動かします。成功率は、三割くらいですが、それを繰り返しているうちに、食わず嫌いが少なくなってきたものです。

皆さんのご家庭でも、将来、なんでもおいしく食べられるようになってほしいと願い、同じようなことをされているかと思います。

思いがこもった食べ物

先日、聖路加国際病院副院長の細谷亮太さんが子どもたちのために書かれた文章を読んで、ハッとしました。

この間、手作りのおにぎりなんか食べられないという子がいるのを知って驚きました。コンビニのおにぎりなら清潔で安心だけど、人がにぎったのはきたない、と言うのです。

おにぎりは「おむすび」ともよばれます。左右の手のひらを祈りをこめて「結ぶ」ことからの名前です。おにぎりを作る人が食べてくれる人への「今日も元気でいてほしい」とか「無事に旅をしてほしい」という思いがこめられたものです。

おかあさんが朝、きみのためにむすんでくれるおにぎりは、「今日も一日、元気ですごし、無事に家にもどってきてほしい」という思いがこめられているのです。お金では買えない、深い思いがこめられているのです。

（細谷亮太『生きようよ　死んじゃいけない人だから』岩崎書店）

人は、誰かの幸せを願って働くものです。親が子どものことを思って、今日のおむすびをつくるように、誰かのことを思って、今日の仕事を行います。おむすびにかぎらず、目の前の食べ物には、誰かの思いがこもっています。そういう思いは、目には見えないけれど、確かに存在するのです。たとえば、今日、食卓に並んだ食べ物は、魚一匹にしても、海でそれを採る人、運ぶ人、売る人、買う人、料理する人、たくさんの人の手をとおして、私たちの食卓に並びます。

米一粒、野菜一切れも、それをつくる人は、何カ月もの時間をかけています。その作業過程には、誰かが人の幸せを願う思いが必ずあるはずです。そうして、私たちの目の前においしくいただける形となって運ばれてきます。そう考えると、目の前の食事がなんとありがたいものと思えることでしょう。

食べることをとおして感謝する

食べ物には、「これをおいしく食べて、幸せな気持ちになってほしい」「今日も一日元気で過ごしてほしい」「体の不調が回復し元気になってほしい」というような誰かの思いや願いがこもっているのだと思います。

その誰かは、目の前の人であったり、遠い誰かであったりするだけでなく、神さまでもあります。私たちは、その思いがこもった食事を感謝していただくことで、人と人のつながり、神と自分とのつながりを深めていけるのではないでしょうか。

給食の食前、食後に次のような祈りを唱えました。

父よ、あなたのいつくしみに感謝してこの食事をいただきます。

ここに用意されたものを祝福し、わたしたちの心と体を支える糧としてください。
わたしたちの主イエス・キリストによって。アーメン。

父よ、感謝のうちにこの食事を終わります。
あなたのいつくしみを忘れず、すべての人の幸せを祈りながら。
わたしたちの主イエス・キリストによって。アーメン。

（『祈りの手帖』ドン・ボスコ社）

祈るなら、一人で食べるときも、家族と食べるときも、友人・同僚と食べるときも、私たちは神さまの現存と慈しみを感じるでしょう。食べることをとおして、今日の糧を与えてくださった神さまの栄光を思い出し、その慈しみに感謝することができます。そして、いただいた恵みを無駄にしないように、自分もまた人の幸せのために、神さまのために働けるようにと祈ることができるのではないでしょうか。

子どもに愛を感じさせる

恐れるな、わたしはあなたと共にいる。　イザヤ43・5

自尊感情の低い子どもたち

日本の子どもたちは、自尊感情が低いことが、教育機関のさまざまな調査によってわかっています。たとえば、東京都教職員研修センターの調査（二〇〇八年）によれば、「自分のことが好きか？」という問いに、小学校六年生で四一％、中学三年生で五二％が否定的に回答。「自分にはよいところがあるか」という問いにも、小六・中三の各三〇％が否定しています。

以前、「生まれてこなければ、よかった」という一文で始まる新聞記事を読んだときはショックでした。「盛岡市の教育委員会が実施したアンケートで三分の一を超える小中学生がそう答えている」と書いてあったのです。研究所から「研究紀要」の写しを送っていただき確認したところ、報道されたとおりでした。その結果は、生きる力に乏しいとされる現代っ子全体に当てはまるように思えます。

あれから十年ほどたっていますが、子どもの教育の問題は、いっそう深刻化しています。不登校、引きこもり、イジメ、リストカット、自殺などは全国的な問題です。うつ病、心の病は、低年齢化して広がっています。

生きるのがつらい子どもたち

「夜回り先生」こと、水谷修先生の講演を聴きに行きました。家庭や学校から追い詰められ、「夜の世界」に繰り出して、自分の居場所を必死で求める子どもたち。または、「昼の世界」で普通の子として振る舞いながら、「死にたい」「助けて」とリストカットを繰り返す子どもたち。そういう子どもたちが増えてきているのです。その背景には、大人がつくってきた家庭や社会に問題があると水谷先生は言われます。

たとえば、父親が仕事でうまくいかずストレスをため、母親や家族に八つ当たりします。親の喧嘩、親からの理不尽な叱責が子どもを苦しめます。家庭にも学校にも居場所がなくなった子どもは、「夜の世界」に繰り出します。そして、悪い大人に利用されるだけされて、身も心もボロボロになっていきます。あるいは、なんとか「昼の世界」に留まりながらも、生きづらさを誰にも相談できずに「死にたい」と喘いでいるのです。

私たちにできること

子どもたちに対して、私たちが今日すぐにでもできることはなんでしょう。

それは、優しく声をかけること。笑顔で接すること。愛情をもって、その子に接することではないでしょうか。生きる力の強い子どもは、自分自身の立つべき基盤がしっかりしています。生きる力の源となる心の拠りどころがあります。どんなに傷ついても、失敗しても、疲れても、安心して自分自身をゆだねられる心の家をもっているのです。逆に、生きる力の弱い子どもには、そのような自分自身の基盤、心の拠りどころがないか、あっても不安定なのです。

その心の基盤、拠りどころは、誰かの愛によって形成されます。人から愛され、愛を十分に受けることによってつくられていきます。多くの場合、親からの無条件の愛によってです。しかし、親が愛しているつもりでも、その愛が親の体裁を図った一方的なものならば、子どもの心は満たされません。

子どもを愛するだけでは不十分です。子どもに愛されていると感じさせなければなりません。

（聖ヨハネ・ボスコ）

子どもに愛を感じさせる

具体的にはどうやって愛を感じさせればよいのでしょうか。

お金も物もいらず、すぐにできることがあります。それは、ありのままの子どもをほめること、認めることです。

「おまえはダメだ」「おまえみたいな子は……」などと否定せず、その存在を肯定的に受け入れることです。良いところ、がんばっているところを見つけて、「おまえのこんなところがすてきだ」「おまえが好きだ」「大切だ」と言葉にして伝えることです。

ほめるためには、その子を温かいまなざしをもって、よく見ていなければなりません。一緒にいなくてはなりません。ほめるためには、時間と努力が必要なのです。

家庭とは本来、明るく温かいものです。笑顔のある家庭。互いに認め合い、ゆるし合う家庭。そんな家庭で育つ子どもなら、「夜の世界」に救いを求めることはないでしょう。
　この親子の関係は、神さまと私たちの関係に置き換えることができます。私たちは神さまの愛する子です。自分の子どもを愛する以上に、私たちも神さまから愛されています。私たちがどんな過ちをしても、悔い改めて告白すれば、すべてゆるしてくださいます。病気であっても、心と身体がボロボロに傷ついても、私たちが見捨てられることは決してありません。

　わたしの目にあなたは価高く、貴く、わたしはあなたを愛し、あなたの身代わりとして人を与え、国々をあなたの魂の代わりとする。
（イザヤ43・4）

　この神さまの愛を祈りによってめいっぱい感じ、人にも伝えることができればと思います。

子育てをとおして幸せになる

父親たち、子供をいらだたせてはならない。

コロサイ3・21

子育ての目的

「親子が幸せになる子育てのヒント」というようなテーマで講演をさせていただくことがよくあります。その中で必ず触れることに、「子育ての二つの目的」があります。その一つは、子どもが成長しながら自立し幸せになることです。

人間がこの世に生まれてくるのは幸せになるためです。子どもが生まれてきたのは、まず親に育てられ、幸せになるためです。ただし、親がいなくても、自分のことは自分できる、ほかの人と心を通わせていける、困難があってもたくましく道を切り開いていけるような人間になってほしいものですね。

このような自立した一人の人間を育てることは、簡単なことではありません。難しく、また価値ある仕事です。人間を産み、愛し育てる仕事は、なんと価値あることなのでしょう。子どもが生まれたとき、私たちはそんな仕事を神さまから任されたのです。

もう一つの、子育ての目的

さて、もう一つの目的は、親（教育者）の側にあると私は考えています。つまり、親（教育者）が、子育て（教育）という仕事をとおして成長し幸せになること、なのです。

私たちも人間として幸せになるためにこの世に生まれてきました。そして、子どもを育てるという素晴らしい仕事をとおして、人間的に成長し、より幸せな人生を営んでいくことのできる機会を与えられているのです。

ところで、この二つの目的は、表裏一体のようなところがあります。普通、子どもが喜んでいれば、親も嬉しいものです。同じように、親が笑顔であれば、子どもも笑顔でハッピーになれます。子育てをとおして親が成長すれば、子どもにも確実によい影響を与えるのです。

京都イクメン会

京都に来て、京都イクメン会という会を立ち上げました。

昨今、父親の子育て参加が強く求められています。それは、父親の子どもへのかかわりが子どもの健全な生育に大きな影響を与えるだけでなく、父親が母親を理解と愛情をもってサポートすることで、幸せな家庭をつくるきっかけにもなり得るからです。

また、父親が子育てに積極的に参加することで、子どもの成長を促し、子どもを幸せにすることができます。

イクメン会の活動としては、原則として第三土曜日の夕方、一時間半程度の勉強会を行います。

これまでに行った勉強会のテーマは、「子育てにおける父親の役割」「お父さんにも知ってほしい子どもの心の発達」「テレビ・ゲームが子どもの発達に及ぼす影響」「絵本とお父さん」「お父さんのほめ方・叱り方」「気をつけたい子どもの健康・病気」「子どもを甘やかすことと甘えさせること」「子どもを伸ばす妻へのアプローチ法」「子育て、そして奥さまへのいたわりのために」など。子育て経験豊富な父親や現役小児科医、元教員、心理カウンセラーなどの講話や意見交換をとおして、子育てを考える学びの場をもつのです。

参加されたお父さんは、「大変役に立ちました。皆さんの意見をお聞きしてよかったです」、「子どものことで気になっていることが相談できたのでよかったです。ほかのお父さんの子育ての経験を聞くと安心します」などと毎回好評です。

私自身はイクメンではないので、いずれ会から退くつもりです。しかし、このような会は、ぜひ続いてほしいし、ほかの地域にも広がっていっていくようにと願っています。

親子関係は人間の関係の基礎

あなたの父母を敬え。（出エジプト20・12）

神さまは私たちの幸せのために十戒を与えられました。十戒の第三までは神との関係について、その後の戒めは人との関係についてです。その最初にくるのが、この第四戒です。

人が生まれて直面する人間関係はまず親との関係です。これがすべての人間関係の基礎になります。親子関係がうまく築けないとその子はほかの人との人間関係もうまくいかなくなることが多くなります。また、自分自身の存在や価値にも否定的になります。

第四戒は、子どもとしての掟ですが、親としての心構えも示されていると考えるべきでしょう。つまり、親は子どもから敬ってもらえるように振る舞いなさいということです。

自分の親を尊敬できる子は幸せです。愛情や信頼や思いやりや、さまざまな人間としての大切な徳を親から学びとっていけます。

子どもを産めば親になれますが、尊敬される親になるには、何もしなくていいわけではありません。当然ながら、勉強したり自分の弱さと闘っていったりする努力が必要となるでしょう。そんな日々の営みをとおして、神さまは親も子もともに成長し、幸せの道を歩んでほしいと願っておられるのです。

男の子・女の子の育て方

神は御自分にかたどって人を創造された。男と女に創造された。　創世記1・27

男の子と女の子は違う

「男の子の育て方って、難しい」という声をお母さんたちからよく聞きます。落ち着きがない、危険なことをしたがる、顔や服が汚れても気にしない、忘れ物が多い、幼稚で下品なことをしたがる……。いちいち注意するのだけれど、馬耳東風。また同じこと繰り返す。勉強でもそう。机の前で勉強しない、宿題を忘れる。なのに、ゲームやテレビアニメには夢中。学校のことはほとんど話さないし、授業中に真面目に聞いているのかどうか心配になる。そのため、小言が多くなり、ますます疲れ、ため息の出る日々が続く……。そして、賢明なお母さんはだんだんと実感するわけです。男の子って、女の子（自分）と違う……。

そうなのです。男の子は、女の子と違います。もちろん個人差はありますが、一般に男の子と女の子は興味、関心、行動や学習態度、成長のスピード、得意分野、脳の働きなど、あらゆる点で違いがあります。ですから、しつけ、生活習慣、学習習慣など、目標とすることは同じであっても、男の子と女の子では、まず同じようにはいきません。

しかし、その違いを知ったうえで、アプローチの仕方を変えれば、家庭でも学校でもより子どもを伸ばせます。

男女の育て方・学び方は違う

私は、長年、男女別の子どもの育て方や効果的な勉強方法について研究してきました。男の子については、長崎にある男子校（精道学園）で二十三年間教えてきたので、経験上わかります。しかし女の子には教育実習以外、ほとんど教えたことがありません。

そこで、これまで全国各地の女子校（白百合学園・聖心女子学院・雙葉学園、長崎精道など）で授業を拝見したり、取材をさせていただいたりしました。創立して間もなく大きな成果を上げているニューヨークの女子校にも取材に飛びました。当然、女子教育に関するさまざまな文献にもあたってきました。

二〇一〇年からは、日本初の「男女別学教育シンポジウム」を主催しています。最近の脳科学に基づく男女の違い、共学で男女別の授業をしている学校での様子、初めて女子に教えるようになってうまくいかず、女子にあった教え方を研究し実践した元男子校の数学教師の研究成果など、さまざまな体験や発表を聞きました。

そうして知り得たことは、家庭での教育にも役に立つと確信しています。親が男の子、女の子の特性をよく理解したうえで、アプローチしていけば、互いにストレスもなくなります。そして子どもたちは、自分に合ったやり方で、自分の能力をよりいっそう伸ばせるのです。

四男四女の子どものいる家庭から

四男四女の八人の子どもをもつ友人夫婦とその夫婦の次女に話を聞かせていただきました。

この家族の子どもたちは、優秀です。長女、次女、長男は皆、自宅から通える京都大学に進学。他の兄弟もやんちゃですが、勉強がよくできます。このとき、女の子の勉強法とは直接関係ないのですが、家庭内での教育方針をいろいろと聞くこともできました。たとえば……

- テレビをほとんど見せない。
- 読み聞かせをよくする。
- 食事の時間、寝る時間、起きる時間は決めていた。

・会話するときは、単語でなく、文章で話すようにさせる。
・人の悪口（特に先生・友達の悪口）を言わない。

とりたてて珍しいことではなく、どこの家庭でも心がけられていることかもしれません。しかしこの家庭では、お題目ではなく、家族みんなで守っているのがすごいところです。カトリック信者の家庭なので、一緒にお祈りをすることも多いですし、ミサにも毎週きちんとあずかっています。

家庭内にしっかりした教育方針があり、守られていると、子どもは家庭生活に安心感をもてるようになります。すると、子どもたちは自分の能力を伸ばしやすくなるのだと思います。

それぞれの特性を理解し合う

実は、このとき末っ子の幼稚園児の女の子も一緒にいて、一時間余りもの間、椅子に座って大人の話をずっとおとなしく聞いていました。驚くべきことです。同じ家族の小学生の男の子たちなら（小学生のころの私も）、三分もしないうちにソワソワしてどっかに行ってしまうでしょう。男の子と女の子、やっぱり違う、と実感した次第です。

このように男女に違いがあっても、それぞれが同じ尊厳を備えた神の似姿であり、両者とも神の英知と善を反映しています。

神が男と女を造られたのは、相互の交わりのため、お互いが相手の「助け手」となるためです。

（『カトリック教会のカテキズム』三七二番）

子どもの教育の場でも、私たちがより助け合い補い合うために、男女それぞれの特性を理解し合うことから始められればと願っています。

読み聞かせの効力

聞く人に恵みが与えられるように。　エフェソ4・29

読み聞かせで子どもは伸びる

先日、ある保育園で講演をしたあと、読み聞かせについての質問を多く受けました。

「私が読んでほしい本ではなくて同じ本ばかりを読んでとねだるんですけれど、いいんでしょうか」

「いつごろまで読んであげればいいのでしょうか」など。

その後、「カタコトながら一人でだいぶ読めるようになったし、私も忙しいから、やめていたんですけど、やっぱりもう少し続けます」と言いに来られるお母さんもいて、嬉しく思ったものです。やはり大切なことは、わかっていてもときどき思い出すことが必要だと思い、今回は読み聞かせの話をします。

どの教育講演会でも、私は読書や読み聞かせの大切さをお話しします。このごろ、やや落ち着きに欠け、人の話をきちんと聞く力に乏しい子が多くなってきているそうです。そういう子に、「しっかり話を聞きなさい」と注意しても、一時的にはできるのですが、長続きしません。聞く力の土台となる集中力や持続力が弱いからです。

学校でも社会でも人の話がきちんと聞けるということは、とても大切です。なぜなら、情報の多くは人から聞くことによって得ることができるからです。学力を獲得する点でも、聞く力は読み書き以前の基礎的な能力なのです。

たとえば、朝礼で校長先生の話があった直後、教室で子どもたちに「今日はどんな話だったかな」と尋ねてみると、その内容をしっかり聞いて覚えている子もいれば、覚えていない子もいます。理解力、記憶力、表現力に違いがあるのは当然ですが、聞いたことを理解し、記憶し、第三者に伝えるためには、まず人の話をしっかり聞くことがどうしても必要なのです。

その聞く力をつけるために、家庭でも簡単にできて、効果的なのが、読み聞かせです。時間は、短くてかまいません。絵本や童話を読んであげるとよいでしょう。続けると、必ずや子どもに聞く力や集中力が育ちます。また、活字に親しみ、読書が好きになります。読書が好きになると語彙が増え読解力も養われ、国語の力を中心に学力は高まっていきます。

心が豊かになり絆も強まる

読み聞かせの良さは、それだけではありません。読んであげる本が感動をさそう物語なら情感豊かな子どもに育ちます。それに伴い、子どもは喜び、親子の絆がいっそう深まるでしょう。

児童文学者である松居直さんは、幼いころ、お母さんが絵本を読んでくれたことで至福のときを過ごしたと、今でもありがたく思うそうです。仕事で忙しく疲れているお母さんが、自分のために夜寝る前に読んでくれることで、幼心にお母さんの愛情をめいっぱい感じることができたからです。松居さんが大人になって福音館書店を創設し、長く絵本づくりの立派な仕事ができたのは、その幼児体験のおかげかもしれません。

ところで、「同じ本ばかりを読んでとせがまれるのですが」という質問を小学生の子をもつお母さんからも受けたことがあります。私は次のようにお答えしました。

「何度も何度も同じ本を読んでもらったり、読んだりできるって素晴らしいことですよ。歌人の俵万智さんは、三歳のときにある本がすごく好きで、お母さんにその本ばかり読んでもらっていたそうです。そのうち、その本を全部暗記して、そらで言えるようになったんです。俵さんがその後、読書が好きになり、歌の世界に入って活躍されるようになったのも、そういう幼児体験があってのことではないでしょうか」

母親になった俵万智さんも、息子さんに「もっかい！　もっかい！」と読み聞かせをせがまれることがあったそうです。

同じ絵本を大人が繰り返し読むのは結構大変なこと。親になってお母さんの愛情の深さにしみじみと感謝するそうです。

大人への読み聞かせを

読み聞かせは、小学生・中学生に対してもたいていの学校では行っていますし、私もそうしてきました。今でも私は講演のとき、大人に向けてよく絵本の読み聞かせをします。それは、伝えたいことを物語の中でじっくりと心で受けとめ、考えていただきたいからです。
読み始めると子ども向けの絵本なのに、多くの方々が真剣に耳を傾け、感動して涙を流されます。それほど、絵本の読み聞かせには大人にとっても効力があるのです
ところでちょっと飛躍しますが、昔から聖書のみことばは教会の中でほとんどの場

合、読み聞かせによって伝えられてきました。今でもミサの中で聖書はしっかりと朗読され、私たちの多くは読み聞かせによって神のみことばという種を受け入れています。

ほかの種は、良い土地に落ち、実を結んで、あるものは百倍、あるものは六十倍、あるものは三十倍にもなった。（マタイ13・8）

蒔かれた種がどれほどの実を結ぶかは、私たち次第でしょう。読み聞かせのときの子どものように、素直な心で聞く「良い土地」でありたいものです。

永井隆と乙女峠

わたしどもは取るに足りない僕です。しなければならないことをしただけです。

ルカ17・10

永井隆という人

「乙女峠」と聞くと、私は真っ先に永井隆のことを想起します。

永井隆は一九〇八年、島根県に生まれ長崎医科大学に学びました。カトリック受洗後、森山緑さんと結婚。いとし子たちに恵まれますが、放射線医療研究が原因で白血病と宣告され、その直後に原爆被爆。一瞬にして愛妻と財産の一切を失います。その悲痛の中、自ら重傷を負いながらも、倒れるまで人命救助に尽力した医師です。

病床に伏しても、隆は天命に全力で応えました。二畳一間の家を「己の如く人を愛する」という聖句から「如己堂」と名づけ、復興と平和のために働く場とすることを決意します。「働けるかぎり働く。腕と指はまだ動く。書くことはできる。書くことしかできない」と、『長崎の鐘』『ロザリオの鎖』『この子を残して』など、短期間に驚異的な量と高い質の著作を次々と成し遂げたのです。それらは、歌にも映画にもなり、どれだけ多くの戦後日本人の心を癒し、励ましてきたことでしょう。

『乙女峠』を執筆する

『乙女峠』（サンパウロ）は、病床の永井隆が最後の力を振り絞って書いた本でした。隆が亡くなる年の冬、体の白血球の数は三十九万（健常者は七千）にのぼりました。全身にむくみができて、体は痛々しいほどに弱っていました。三月になると、腹水が増大し、腹がパンパンに張り、皮膚の色も生気を失ってきました。面会謝絶。夜は痛みで眠れないので睡眠薬を使い、昼間は頭がもうろうとするのでコーヒーを飲み、原稿や手紙の返事を書きました。

四月の初め、体調がよくなったときがありました。「甚三郎さんのことを書いておきたい」と、隆は親しい友人で歴史学者だった片岡弥吉教授に打ち明けます。

守山甚三郎は、幕末、明治における長崎浦上のキリスト信者の指導的な青年でした。明治二年、浦上のキリスト信者約三千四百人が政府から迫害を受け、全国各地約二十箇所にバラバラに流刑されました。甚三郎は島根県津和野に流され、辛苦をなめながらも、信仰を守りぬき、四年後に浦上にもどってきた人です。隆が初めて浦上天主堂を訪れたとき、やさしく迎えてくれた司祭の守山三郎神父は、この甚三郎の長男だったのです。津和野の乙女峠は、この甚三郎ら百五十三名の浦上のキリスト信者が投獄され、迫害を受けた牢があったところです。この年、ここに礼拝堂ができたので、隆は甚三郎を中心に、彼らの信仰を書き残しておきたかったのです。

このころの隆の容態は非常に悪く、心臓も弱り、熱は三十八度を下りませんでした。午前三時、四時ごろからコーヒーを飲んで脳に刺激を与え、「これが最後だ」と一文字一文字書き綴りました。ときには、「もう書く力がありません」と主治医に打ち明けることもありました。

それでも原稿は、四月二十二日に完成。その三日後には、右肩に内出血が起こり右手はまったく使えなくなりました。そして、五月一日、四十三歳で穏やかな臨終を迎えます。永井夫妻が眠る墓の石版には、生前の隆の希望で「われらは無益なしもべなり、なすべきことをなしたるのみ」（ルカ17・10）と刻まれています。

永井隆が『乙女峠』を書くことができたわけ

さて、瀕死の隆が『乙女峠』を書くことができたのはなぜでしょう。それは、この本を読むとわかる気がします。

『乙女峠』には、どれほどの責め苦にあっても信仰を捨てなかった人たちの姿が生き生きと描かれています。役人の説得に応じて改宗した者たちには、十分な食事や労働の日銭が与えられます。そうでない者は、それを横目で見ながら、いつまで続くか知れない説得と責め苦を受けねばなりませんでした。

たとえば、一人ひとり、三尺牢に押し入れられ、身体を折り曲げて何日も過ごしました。牢から出されると、鞭打たれたり、雪や石の上に裸で座らせられたりして、説得を受けました。また、氷の張った池に投げこまれて何時間も放置され、息も絶え絶えとなったところを引き上げられ、火あぶりの責め苦を受けました。そのような目にあっても、決して心をひるがえすことなく殉教したり、信仰を守りとおしたりした者たちが少なからずいたのです。彼らは普段は偉そうなことも強がりも言わない、柔和で人目につかない人たちでした。一見弱そうな彼らが、なぜ信仰を守りとおせたのか、隆は書いています。

初めから自分の意思や体力の弱さを認めて、神や聖マリアに助けを願うのは、へりくだる者のとるべき道であり、賢い態度です。『乙女峠』

病床の隆も同様でした。身体的には瀕死の状態にありながら、その信仰心は衰えるどころか、強くなっていきます。絶え間ない祈りからもたらされる恩恵によって意志が強められ、あふれるほどの愛が注がれていたからです。永井隆と乙女峠で信仰を守りとおした人たちには、相通じるところがあったのです。

ゆえに神さまは、隆が『乙女峠』を書くことを望まれ、書き終えるまでいのちを長らえさせたのでしょう。永井隆をとおして、乙女峠という場所に、その地を知ることになった私たちにも、光を与えるために……。永井隆にとって、『乙女峠』は神さまから託された、この世でなすべき最後の仕事だったのです。

受洗の恵み

だれでも水と霊とによって生まれなければ、神の国に入ることはできない。

ヨハネ3・5

教皇から洗礼を受けたわけ

「どうして教皇ヨハネ・パウロ二世から洗礼を受けられたのですか?」と聞かれることがときどきあります。ひと言で答えれば、「まったくのお恵み」なのですが、聞き手がその経緯を知りたい場合、このように答えます。

「本来は住んでいた長崎で受けるつもりだったんです。ただローマで聖週間を教皇さまと過ごそうというイベントがあり、旅行もしてみたかったので参加することにしました。すると、せっかくだからローマで受けたらいいと指導してくださっていた神父さまに勧められたんです。で、ローマに着くと、教皇さまから受けることになったよ、って告げられたんです」

確かなことは、教皇さまからの受洗を私が望んでいたわけでも予想していたのでもないことです。第一、当時の私は、一年間キリスト教を勉強してきたものの、教皇がどういう人か、実感として全然わかっていませんでした。「教皇さまから洗礼！すごいな」と、同行していた信者の友人たちは驚き、祝福してくれたのですが、当時の私はぽかぁんと事の成り行きに身を任せているだけでした。

そんな学生が、まさかその三十年後に、その人ヨハネ・パウロ二世教皇の伝記を書くなど、本人を筆頭にだれが予想したでしょう。まったく神さまのお恵みとみ摂理は、人間の思惑を超えて計り難いのです。

受洗はお恵み

そもそも受洗自体がお恵みです。「なぜ洗礼を受けたのですか」という問いには、神さまの恩恵を話せるチャンスでもあり、なんとか的確にお答えしようとは思うのですが、聞き手がカトリック信者でない方の場合、その答えにやや窮します。

「カトリックの勉強をしているうちに、これはもう受けなきゃならないなと思うようになりまして……」と答えても、信者でない方にはあまり理解していただけないのは当然です。ずばり「もっと幸せになりたかったからです。この世でも、あの世でも」と答えても、人によっては「洗礼を受けなければならないほどの暗い過去があったのですか」と誤解されたり、「洗礼を受けなければ不幸なのですか」と気を悪くされたりもします。

洗礼は人生の一大事です。幸運にも幼児洗礼を受けられた方ならいざ知らず、大人になって導かれた者には、それなりの経緯やら理由やらがあり、それを説明するのは簡単なことではありません。しかし、それを承知のうえで、たぶんだれにでも共通する理由をあげてみましょう。それは、「さまざまな出来事から神と自分を知ることができたから」、そして「自分のために祈ってくださっている人がいたから」ということです。

永井隆の受洗

先にご紹介した永井隆博士の場合もそうでした。学生のとき、隆は無神論者だったのですが、パスカルの『パンセ』や母親の臨終に立ち会った経験などから、次第に神の存在を認め始めます。そして下宿先の森山家の人々によって、神への生きた信仰のあり方も教えられました。神とその教えを知り始めると、隆は自分をより深く謙虚に見つめるようになりました。一方で、そんな隆に思いを寄せ、戦地から無事に帰るように、また信仰の恵みがさずけられるように毎日人知れずロザリオの祈りをささげている女性がいたのです。

「神さまは、私があの方をお慕いしているのをご存じです。けれども私よりもはるかに教養の高い方が、あの方の奥様となられるのでしょう。隆さんが無事に帰られた今は、親や仲人の薦める方と見合いをいたしましょう。隆さんが信仰の賜物をお受けになるために、この苦しみをおささげします」（永井隆著『亡びぬものを』参照）

このように涙ながらに祈っていたのは、後に隆の妻となった森山緑さんでした。この緑さんの一心な祈りを知らずに、永井隆は洗礼を受けます。神を知る。自分を知る。そして祈り祈られる。順番は違ってもこの三つが、洗礼の恵みを受ける人の道のりにあります。

祈りが必要

私が洗礼を受ける前も、やはり祈ってくださっている方がいました。その祈りが聞き届けられて、私は神と出会い、自分の卑小さを認め、祈りの大切さを知るようになってきたのだと思います。

カトリック教会の教えでは「洗礼は、原罪、すべての自罪、また罪ゆえのすべての罰をゆるします。また成聖の恩恵、すなわちキリストとその教会に結び合わせる義化の恵みによって三位一体の神のいのちにあずからせます」(『カトリック教会のカテキズム要約』カトリック中央協議会)とあります。

ゆえに洗礼は、私たちにかけがえのない恩恵をもたらす、一生に一度だけの秘跡です。家族や親しい友人の中にキリスト信者でない人がいれば、洗礼の恵みを願うのは、ごく自然な愛であり友情でしょう。

その人のために、祈りをささげること。その祈りを執拗に繰り返すこと。人が回心する後ろには、必ずだれかの祈り続ける姿があります。

守護の天使は親友

主はあなたのために、御使いに命じてあなたの道のどこにおいても守らせてくださる。
詩編91・11

天使が通る

フランスやスペインでは、会話が途切れ、沈黙の時間が流れたときに、「今、天使が通りましたね」と、誰かが言います。すると、なんとなく場がなごむのです。天使がいないと思っている人はこれを品のいいジョークだと思い、天使がいると思っている人は天使のほほえみを感じて嬉しくなるからでしょうか。

天使は、よくかわいらしい子どもの姿として親しまれていますが、実際は純粋な霊なので、決まった姿があるわけではありません。もちろん、普段は目に見えません。ただ、私たちを守るために、何かを伝えるために、ある人物の姿をもって現れることがあります。次にご紹介するものは、スペインに伝わる民話をアレンジしたものです。

乞食の天使

よく働く靴屋のもとへ、あるとき、天使が現れました。乞食の姿になって……。

靴屋は乞食の姿を見ると、うんざりしたように言いました。

「おまえが何をしにきたかわかるさ。しかしね、私は朝から晩まで働いているのに、家族を養っていく金にも困っている身分だ。ワシは何も持ってないよ。ワシの持っているものは二束三文のガラクタばかりだ」

そして、嘆くように、こうつぶやくのでした。

「みんなそうだ、こんなワシに何かをくれ、くれと言う。そして、今まで、ワシに何かをくれた人など、いやしない」

乞食は、その言葉を聞くと答えました。

「じゃあ、私があなたに何かをあげましょう。お金に困っているのならお金をあげましょうか。いくらほしいのですか。言ってください」

靴屋は、面白いジョークだと思い、笑って答えました。

「ああ、そうだね。じゃ、百万円くれるかい」

「そうですか、では、百万円差し上げましょう。ただし、条件が一つあります。百万円の代わりにあなたの足を私にください」

「何!? 冗談じゃない！　この足がなければ、立つことも歩くこともできやしないんだ。やなこった、たった百万円で足を売れるもんか」

乞食はそれを聞くと言いました。

「わかりました。では、一千万円あげます。ただし、条件が一つあります。一千万円の代わりに、あなたの腕を私にください」

「一千万円……⁉この右腕がなければ、仕事もできなくなるし、かわいい子どもたちの頭もなでてやれなくなる。つまらんことを言うな。一千万円で、この腕を売れるか！」

乞食はまた口を開きました。

「そうですか、じゃあ、一億円あげましょう。その代わり、あなたの目をください」

「一億円……⁉この目がなければ、この世界の素晴らしい景色も、女房や子どもたちの顔も見ることができなくなる。ダメだ、ダメだ、一億円でこの目が売れるか！」

すると、乞食は靴屋をじっと見つめて言いました。

「そうですか。あなたはさっき、何も持っていないと言っていましたけれど、本当は、お金には代えられない価値あるものをいくつも持っているんですね。しかも、それらは全部もらったものでしょう……」

靴屋は何も答えることができず、しばらく目を閉じ、考えこみました。そして、深くうなずくと、心に温かな風が吹いたように感じました。目を開けると、乞食の姿は、どこにもありませんでした。

天使を送った神さまは、私たちに伝えたいことがあるはずです。この物語をとおして私が感じるのは、私たちも、多くのお金に代えられない価値あるものをもっているということです。足や腕や目など、体の一部だけではありません。信じることできる心、愛することのできる心、このかけがえのないいのちなど、目に見えないたくさんの価値あるものをもっているのです。現状に不満を募らせるのではなく、いただいた素晴らしい恵みに感謝すべきことに気づかされるのです。

誰にでも守護の天使がいる

さて、私たちを守ってくれる守護の天使がいることは、信仰の真理です。

人間は生まれてから死ぬときまで、天使たちの保護と執り成しを受けています。おのおのの信者はいわばそれぞれの保護者や牧者のような天使に付き添われ、いのちに導かれます」

（『カトリック教会のカテキズム』三三六番）

私たち一人ひとりを守ってくれる天使は、生まれてからこの世を去るときまで、一生付き合ってくれる私たちの友達です。ところで、皆さんの守護の天使には、名前があるでしょうか。ある人は、自分の天使に「天ちゃん」という名前をつけています。皆さんも、名前を呼んで、自分の守護の天使に毎日、お願いしたり、感謝したりしてはいかがでしょうか。きっと天使といっそう親しい友達になれるでしょう。

病める人の幸せ

わたしの心は喜び、魂は躍ります。からだは安心して憩います。
詩編16・9

ある末期患者の話

長く病院でチャプレンの仕事をされている沼野尚美さんから教えていただいたお話です。

悪性脳腫瘍で入院していた、二十歳の健ちゃんは、ガンが末期状態にあり、手術は不可能、ただ死を待つという状況でした。手足の末端から麻痺が進み、食物はおろか唾液すら口の中にためては吐き出す毎日で、精神的にもまいっていました。医療者をののしり、神などいないと言っていました。

ところが、そんな彼に転機が訪れます。かつて一度、無意識のうちに危篤状態に陥ったときの話を母親から聞いたのです。彼は考えます。「そのときにぼくが死んでいても不思議でなかったのなら、今生きているのではなく生かされているのだ」と。「それなら、生かしてくださっている方を知りたい」と言い、沼野さんが読み聞かせる聖書の話をどんどん吸収していくようになったのです。やがて彼は、洗礼を受けたいと望むようになります。

人間の幸せとは

あるとき、沼野さんは健ちゃんに聞きます。

「人間の幸せって何かしら」

言ってしまったあとに、しまった、と思ったそうです。首から下がほとんど麻痺した状態で毎日ベッドに横たわり、死を予感している彼に、なんと配慮のない質問をしてしまったのかと。が、健ちゃんはすぐに確信をもって、こう答えたのです。

「人間の本当の幸せとは、心が自由であること。憎しみ、ねたみ、怒りから自由に解放されていること。体の自由さより心の自由さのほうが大切だと思う」

彼は聖書をとおしてイエスを知り、神さまに愛されていることを感じ、心を開いてイエスと一緒に生きる決心をしてから、心は自由になったと言います。「嬉しくて、胸がビシビシと張り裂けそうや。みんなにもこの喜びを知ってほしい」と。

その一週間後、彼の容態は悪化します。人工呼吸器がつけられる前日、「どうしてそんなに平静でいられるの」と問う沼野さんに彼はこう答えたのでした。

「今まで覚えた聖書のみ言葉を心の中で繰り返すことと、感謝している出来事を思い出して、心の中で繰り返すと、平安になるよ」

人工呼吸器をつけて声を失ってからは、大きく口を動かして自分を訪れる人に気持ちを伝えました。

「あ・り・が・と・う」

そのまま彼は、二十一歳で旅立ちました。

（沼野さんの講演より。著書『いのちの輝き』（くすのき出版）にも掲載）

阿南慈子さんの話

京都にいらした阿南慈子さんは、三十一歳のときに思いがけず難病の多発性硬化症を発病し、その十数年後、天国に旅立った方です。身体の機能が次第に失われていき、目も見えなくなり、言葉もかすかにしか発することができなくなる病気でした。

彼女にはまだ幼い二人の愛児と愛する夫がいました。どれだけの無念さと悲しみを背負い、乗り越えてきたか、想像できないほどです。しかし意外にも、彼女と接した人々は前向きで明るい彼女に逆に元気づけられました。

彼女が残した文章は、どれも読む人を勇気づけ、力づけるものでした。

神様は、わたしをこんなにも幸せに生かしてくださっている。人の目には価値なき者に見えるかもしれないわたしでも、神に愛されていることを知っているから、こんなに幸せ。神様が全ての人をどんなに愛し、一人残らず皆の幸せを望んでおられるかを伝えたい。神は存在そのものであり、命そのもの、愛そのもの。だから、人間は皆一人ひとり、その神の愛に応えなければならない。真剣に愛をもって生きぬくことによって。そのことを伝えられたら、わたしは生まれてきた甲斐がある。生きてきた甲斐がある。病気を受け取った甲斐がある。

（阿南慈子著『神様への手紙』ＰＨＰ研究所）

私が二人から学んだこと

私がこの二人に教えていただいたことは少なくありません。

健ちゃんは、自分の生の意味を真剣に考え、聖書に答えを見いだすことで変わっていきました。苛立ちや反抗的だった気持ちは消え、周りの人への思いやりや感謝を示すようになりました。肉体的な苦痛は消えることはなかったのですが、精神的には自由となり、心に喜びと感謝の気持ちがあふれてきました。彼のこの世での生涯は短かったのですが、彼よりも長く生きている人より、神さまと親しく付き合うことができたのかもしれません。

阿南さんは、敬虔なカトリック信者であったご両親に育てられ、幼いころから神さまと共に生きてこられた方です。それでも病気を受け入れるに際しては、想像もできないほどの苦悩があったはずです。しかし、彼女を根本的に支え励ましたのは、やはり神の愛でした。

愛そのものである神の愛を知り、その愛に包まれ、神と共に生きることができるようになったのが、二人に共通することです。体の痛みや不自由さを超越した愛を感じることで、幸せを感じることができたのではないかと思います。

誰の人生にも自分の望まないことが起こり得ます。でも、それさえも受け入れ、神と共に生き、感謝できるなら、人は幸せに満たされるのです。

かけがえのない贈り物

神の恵みによって今日のわたしがあるのです。

一コリント15・10

ある母子のクリスマス物語

友人から聞いた話を短く、物語風にご紹介します。

ボクが十歳のときのクリスマス・イブだった。

「クリスマスには、ちょっとぜいたくをしてごちそうを食べようね」

飲食店勤務の仕事に都合をつけて、母はクリスマスをボクと過ごす約束をしてくれていた。イブの日の午後、クリスマスの買い物をするために二人で街に出かけた。小さいころの交通事故のせいで、ボクは歩くために松葉杖が必要だった。肩を上下にゆすりながらも、母の横を歩くのは好きだった。でも、アパートを出てしばらくしないうちに、母が地面に倒れた。

「どうしたの？　お母さん」

ボクの手をつかむと、母は何かを言いたそうにしたのだが、言葉にすることはできなかった。近所の人が呼んでくれたのか、けたたましく救急車がやってきて、ボクたちは病院に運ばれた。

母の頭を手術しているとき、待合室で、ボクはなすすべもなく、椅子に腰掛けていた。幼いころ、父が事故で死んだときの記憶が蘇った。どこか遠くで楽しそうな音楽が聞こえてきて、今日が何の日だったかを思い出した。本当なら、母がつくったごちそうを食べていたのに。世界中でボクたちだけが不幸なのかもしれない、そう思わないように涙をこらえた。

夜になると、窓の外遠くに母と行ったことのある教会の灯りが見えたような気がした。あの日、教会で母はひざまずいて長い間祈っていた。「何を祈っていたの？」と聞かなくても、母がボクのために祈ってくれていたことを知っている。母はボクのために働き、ボクのために笑い、怒り、泣いてくれた人だったから。

そんな母に、ボクは何もしてあげていなかった。それどころか、わがままばかりだったことを悔やんだ。母を失いたくなかった。だからボクは自分でも驚くほど真っ直ぐな気持ちになって、あんなことを言ったのだろう。そして十歳のボクにできることは、それしかなかったのだ。

「サンタさん、サンタさんは、ボクがいい子にしていたら、プレゼントをくれるんですよね。そうでしょう？ サンタさん、ボク、プレゼント、いりません。もう、一生、何もプレゼントはいりません。そのかわり、お母さんを助けてください。

ボク、いい子になります。一生けんめいがんばって、いい子になります。もっと、もっといい子になります。だから、お母さんを助けてください。お願いします。お願いします……」

あのイブの日から、十数年の月日がたった。

ボクはいつしか大人になって、就職し、同じ職場の笑顔のすてきな女性と結婚した。そして、今年、ボクらの初めての子どもが生まれた。車椅子の母は「赤ん坊のころのおまえそっくりだよ」とよく笑う。

ボクが一生プレゼントはいらないと言ったから、サンタさんからクリスマスプレゼントをもらうことはなかった。でも、ボクはあのクリスマスの日以来、気づいた。そして、心から感謝した。クリスマスどころか、ボクは毎日プレゼントをもらっていたのだ。

愛する人たちの大切ないのち、そして、このボクのいのち。そう、ずっと毎日、かけがえのない贈り物をもらい続けてきたのだ。

毎日は贈り物

何かを失ったとき、あるいは失いそうなとき、私たちはその価値の大きさに気づきます。

私たちは、今このときでも、多くのものをもっています。目、耳、口、手、足などの体、感じ、知り、考えることのできる能力、人を労わり愛することができる心、そしてこの世でのいのち。いずれも失いたくないものです。おそらく、大金を支払ってでも失いたくないものではないでしょうか。

それらはすべて神さまから無償でいただいたものです。今日という日もそうです。今日という日を生きたかった、なんとしてでも生きたかった、一分でも長く愛する人たちと共に生きたかった、けれど願いがかなわずに逝ってしまった人は大勢います。そんな貴重な一日を今私たちはいただいています。

毎日、贈り物をいただいている私たちにできることはなんでしょうか。贈り物をくださった神さまは何を望まれているのでしょうか。

どんなことにも感謝しなさい。これこそ、キリスト・イエスにおいて、神があなたがたに望んでおられることです。

（一テサロニケ5・18）

実に平凡な答えですが、今私にできることとは、たくさんの贈り物に感謝すること。そして、いただいた贈り物をていねいに活用すること。たとえおぼつかない足取りであっても、すべてをくださった神さまとともに日々歩んでいくことです。

おわりに　今度は別の誰かに

「カトリック生活」千号記念誌（平成二十四年十月号月）で、同誌の編集長を長く務めてこられた故アルド・チプリアニ神父様がおっしゃっています。「月刊誌は喉をいやす一杯の水であってほしい。……『カトリック生活』で一瞬でも渇きがいやされたのなら、今度は別の誰かに手渡してもらえたら、さらに嬉しく思います」

私は、「カトリック生活」のエッセーを書くとき、願うことがあります。

・このエッセーをとおして、誰かが神さまを知るきっかけになりますように。
・祈りをとおして、その人が神さまと親しくなりますように。
・光をいただいて、その人も光となりますように。

・実り多い人生を歩み、永遠のいのちに達することができますように。
そう願いながら書いてきたエッセーが本になってお届けできることを幸いに思います。

ご覧になっておわかりのように、連載エッセー「いのり・ひかり・みのり」は、カトリック信者以外の方にも読んでいただけるように書いています。そのエッセーをまとめた本書を、まだカトリックの教えをご存じないご家族、ご友人たちにもご紹介くだされば、「カトリック生活」誌歴代編集長とともに、私もさらに嬉しく幸いに思うのです。

本書発刊において、連載エッセー執筆の機会を与えてくださった関谷義樹編集長、編集をしてくださった金澤康子さんに御礼申し上げます。

皆さま、最後までお読みくださりありがとうございました。

二〇一五年五月

中井俊已

本文中の聖書引用箇所は『聖書　新共同訳』（日本聖書協会）によるものです。

❖著者略歴

中井俊已（なかい・としみ）

長崎大学在学中、ローマにて聖ヨハネ・パウロ二世教皇より受洗。私立小・中学校教諭を経て、現在は京都市にて作家・教育評論家として執筆・講演活動を行っている。著者に『マザー・テレサ愛の花束』（PHP研究所）『永井隆』（童心社）『平和の使徒ヨハネ・パウロ二世』『クリスマスのうたものがたり』（ドン・ボスコ社）など多数。人気メルマガをHP www.t-nakai.com から全国に発信中。

恵《めぐ》みを受《う》けとめるヒント

いのり・ひかり・みのり

2015年5月31日　初版発行

著　者　中井俊已

発行者　関谷義樹

発行所　ドン・ボスコ社

〒160-0004　東京都新宿区四谷1-9-7

TEL 03-3351-7041　FAX 03-3351-5430

イラスト　時田 愛

装　幀　幅 雅臣

印刷所　株式会社平文社

ISBN978-4-88626-589-0

（乱丁・落丁はお取替えいたします）